続・中学生からの大学講義 2

歴史の読みかた

桐光学園＋ちくまプリマー新書編集部・編

★——ちくまプリマー新書

306

「今こそ、学ぶのだ！」宣言

ちくまプリマー新書は、「プリマー（primer（名詞）：入門書）」の名の通り、ベーシックなテーマを、初歩から普遍的に説き起こしていくことを旨とするレーベルです。学生の皆さんは元より、「学びたい」と考えるすべての人を応援しています。

このたび、桐光学園《とうこう》と共同で〈中学生からの大学講義〉という小さなシリーズを編みました。「どうすれば大学に入れるか」のガイドは世間に溢《あふ》れています。でも「大学で何を学べるのか」について良質なアドバイスはまだまだ少ない。そこで、知の最前線でご活躍の先生方を迎え、大学でなされているクオリティのままに、「学問」を紹介する講義をしていただき、さらに、それらを本に編みました。各々の講義はコンパクトで、わかりやすい上に、大変示唆に富み、知的好奇心をかきたてるものとなっています。

本シリーズの各巻はテーマ別の構成になっています。これらを通して読めば、「学問の今」を知っていただけるでしょうし、同時に正解のない問いに直面した時こそ必要な〝考える力〟を育むヒントにもなると思います。変化の激しい時代を生き抜くために、今こそ学ぶのだ！

ちくまプリマー新書編集部

挿画　南伸坊

目次 * Contents

歴史と記憶

——大震災後を生きる

野家啓一

のえ・けいいち

一九四九年宮城県生まれ。専攻は科学哲学。東京大学大学院理学系研究科（科学史・科学基礎論）博士課程中退。南山大学専任講師、プリンストン大学客員研究員などを経て現在、東北大学名誉教授、同大学教養教育院総長特命教授。近代科学の成立と展開のプロセスを、科学方法論の変遷や理論転換の構造などに焦点を合わせて研究している。著書に『物語の哲学』『パラダイムとは何か』『科学の解釈学』『科学哲学への招待』『はざまの哲学』など。

東日本大震災をどう考えるべきか

私はもともと大学の理学部で物理学を、その後は大学院で科学哲学を学びました。科学哲学は英語でフィロソフィー・オブ・サイエンスといいますが、私は歴史叙述の問題にも関心をもっていて、ここ一〇年ほどは「歴史の物語り論」に関わる研究をしていいます。今日は「歴史と記憶：大震災後を生きる」と講義タイトルにあるように、歴史哲学に関する話をします。

「大震災後を生きる」という副題をつけたのには理由があります。今から一年ほど前に発生した東日本大震災は東北から関東地方の沿岸部を中心に大きな被害をもたらしました。私は仙台市若林区に住んでいますが、自宅はもちろんのこと、勤務している東北大学にもかなりの被害がありました。私たちのこれからの生き方に東日本大震災の経験をどのような形で生かしていけばいいのかは、しっかり考えなければいけないテーマなのです。しかし、生々しい記憶が残っている半面、すでに風化して忘れられかけている記憶もある。今日は歴史と記憶に関する問題について、皆さんと一緒に考えていきたいと思っています。

　仙台市周辺の地図を見てください。濃い色で塗りつぶされているところが、津波で浸水被害を受けた区域です。東北大学はいくつかのキャンパスに分かれていますが、私の研究室があるのは文科系の川内キャンパスです。星陵キャンパスは医学系、雨宮キャンパスは農学系、青葉山キャンパスは理工系といったふうに分かれています。

　実はここに「仙台東部道路」という高速道路が走っています。仙台市若林区には高台がなかったのですが、この道路が盛り土構造だったので堤防（防潮堤）の役割を果たし、内陸への浸水をおさえたのです。東部道路に駆

図１　津波浸水区域（仙台）

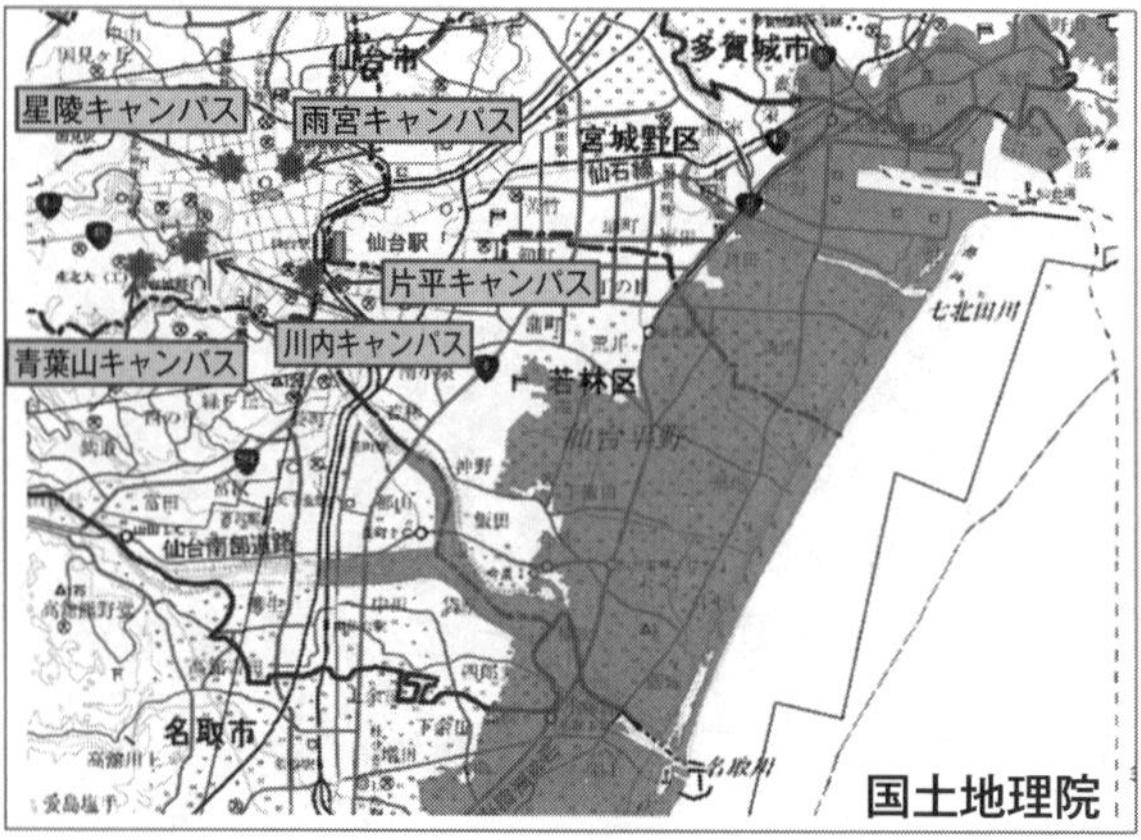

け上がって津波から逃れ、命が助かった人も多かったと聞いています。

私の自宅は仙台駅と仙台東部道路の中間あたりなので、地震によるダメージはありましたが、津波には襲われませんでした。

震災後の川内キャンパスの様子を見てください［図2］。ピロティの柱が崩れました。私は附属図書館の図書館長も兼務していましたが、このように本が書棚から崩落しました。大学全体では八六万冊ぐらいの本が落ち、復旧作業に二カ月ほどかかりました。東北大学でもっとも大きな被害を受けたのは、理工系の青葉山キャンパスです。一つ数千万円もするような実験装置がかなり多く壊れました。

東北大学には一万八〇〇〇人ほどの学生がいます。当時は春休みでしたので、沿岸部の自宅に帰省していたり、ハイキングで外出していた学生三名が亡くなりました。建物はいまだに二八の建物が立ち入り禁止の状態です。現在はプレハブなどを敷地内に建てて補充し、授業や実験を行っています。建物の被害は四四八億円、実験装置や研究機器の損害が三五二億円、総額八〇〇億円ほどの損失がありました。

震災後は電気、水道、ガスといったライフラインが止まりました。停電のために、生

図2　東北大学川内キャンパスの様子

命科学系の研究室で冷凍保存していた細胞やDNAといった貴重な標本や試料が喪失しました。ただし、現在はほぼ平常の活動に戻っています。

近代日本の価値観を揺さぶる出来事

東日本大震災については、さまざまな人たちが議論していますが、皆さんにご紹介したいのは、一九三四（昭和九）年に発表された寺田寅彦《とらひこ》の「天災と国防」というエッセイの一節です。大震災以後、広く読まれるようになりました。

「文明が進むに従って人間は次第に自然を征服しようとする野心を生じた。そうして、重力に逆らい、風圧水力に抗するようないろいろの造営物を作った。そうしてあっぱれ自然の暴威を封じ込めたつもりになっていると、どうかした拍子に檻《おり》を破った猛獣の大群のように自然が暴れ出して高楼を倒壊せしめ、堤防を崩壊させて人命を危うくし財産を滅ぼす。」

（寺田寅彦『天災と日本人』角川ソフィア文庫、二〇一一）

つまり寺田は、文明が進むに従って、被害の度合いもそれに比例して大きくなると述べています。今回の東京電力福島第一原発の事故などはその最たるものだと思います。東日本大震災は私たちの自然観や文明観、科学観といったものを根底から揺さぶる出来事だったと言うことができるでしょう。寺田の言葉は、私たちに対する警告として胸に迫るものがあります。

震災を機に揺さぶられた自然観や文明観は、価値観と表裏一体のものです。価値や価値観といっても、決して難しいことではありません。価値とは、かけがえのないものや性質のことです。そして価値観とは、なにがもっとも大事なのか、それに次ぐものは何かというような、「大切なものの順位づけ」と考えてください。それを設定したり、あるいは組み替えたりすることが価値観です。大切なものが何かを自身で考えてみれば、自分の価値観がわかると思います。

人々の価値観が根本的に組み替えられるような出来事は、日本では明治以降で三度体験しています。一つめは明治維新と戊辰《ぼしん》戦争です。歴史の授業で習っていると思いますが、封建制や鎖国の時代から文明開化へ、そして中央集権国家の実現に向けて内戦を経ながらも一歩を踏み出していきました。それまでちょんまげを結っていた人たちがザンギリ頭になったことは、人々の価値観を根底から覆すものでした。

二つめは第二次世界大戦で連合国に敗れたことです。日本が戦後復興する過程で価値観は大きく変わりました。従前の天皇制国家の下での軍国主義から、民主主義に基づいた日本国憲法における政治体制へと大きく転換しました。また、その後の経済復興や高度成長時代を経験したことも、私たち日本人の価値観を大きく揺さぶりました。

三つめは一九七〇年代半ばの第四次中東戦争によって石油の輸入が滞り、トイレットペーパーの買い占めなどが起こった、いわゆる「オイルショック」です。一九六〇年代の高度経済成長期は大量生産して大量消費するというライフスタイルでした。それが「small is beautiful」という言葉に象徴されるように、安定成長の時代へと急速に転換していったのです。地球の資源は有限であること、人間本位の開発では地球がもたないことから環境保護や自然との共生が叫ばれるようになりました。一九八〇年代末には「サスティナビリティ（持続可能性）」という言葉が生まれ、その実現こそこれからの人類が目指すべき価値だと考えられるようになりました。

そして二〇一一年三月一一日に東日本大震災が起きました。おそらく、これは近代日本の歴史の中で四番目に価値観の大きな変革をもたらす出来事になっていくと思いますし、またそうならなくてはいけないと考えています。

そういう視点から、東日本大震災と福島第一原発事故という出来事を、私たちはきちんと歴史のなかに位置づけていかなければなりません。

柳田國男が伝えたかったこと

震災や津波を忘れてはならない歴史として継承していくことは、簡単なことではありません。東北地方はこれまで何度も津波に襲われていますが、その記憶をいかに継承したかについては、地域によって温度差がありました。それが今回の被害の大きさにつな

図３　柳田國男

がったという側面もあります。柳田國男《やなぎたくにお》という民俗学者が残した文章をもとに、津波をめぐる記憶の継承について振り返りましょう。

柳田は明治時代初期に生まれ昭和時代半ば、八七歳で亡くなるまで活躍した民俗学者です。東日本大震災では岩手県遠野市が緊急支援活動の拠点になりましたが、彼の著作ではその遠野の民話を集めた『遠野物語』が有名です。その中には津波で奥さんをさらわれた男の人のもとに、幽霊となって奥さんが現れる話が収められています。

柳田には東北地方の三陸沿岸を歩いてまとめた『雪国の春』という旅行記があります。宮城県気仙沼市の唐桑《からくわ》半島は岩手県陸前高田市と接している半島で、東日本大震災では大きな被害を受けました。柳田は貴族院書記官長を辞任し、一九二〇（大正九）年、四六歳のときに東京朝日新聞社客員となりました。その手はじめに東北の東海岸を二カ月ほどわらじ履きでずっと歩いたのです。『雪国の春』には東京朝日新聞に連載した「豆手帳から」という随筆が収められていますが、その中に「二十五箇年後」というタイトルのエッセイがあります。

二十五箇年後とは、一八九六（明治二九）年六月一五日に発生し大きな津波被害をもたらした明治三陸地震から二五年後という意味です。柳田が二五年前に起きた明治三陸地震による大津波のことを調べて書き留めたものが「二十五箇年後」というエッセイです。ちょっと読んでみます。

「唐桑浜の宿という部落では、家の数が四十戸足らずのうち、ただの一戸だけ残って他はことごとくあの海嘯《かいしょう》（津波＝講師注）で潰《つぶ》れた。（中略）その晩はそれから家の薪を三百束ほども焚《た》いたという。海上からこの火の光を見かけて、泳いで帰った者もだいぶあった。（中略）母はいかなる事があってもこの子を放すまいと思って、左の手でせいいっぱいに抱えていた。乳房を含ませていたために、潮水は少しも飲まなかったが山に上がって夜通し焚火《たきび》の傍《そば》にじっとしていたので、翌朝見ると赤子の顔から頭へかけて、煤《すす》の埃《ほこり》でゴマあえのようになっていたそうである。」

（柳田國男『雪国の春』角川ソフィア文庫、二〇一一）

これは大津波の記録を柳田が土地の人から聞き取った内容です。このようなことは先の大津波でも無数にあったと思います。ところが二五年後になると、生々しい記憶は失なわれ、次第に風化していく様子が描かれています。

「話になるような話だけが、繰り返されて濃厚に語り伝えられ、不立文字（文字にならない＝講師注）の記録は年々にその冊数を減じつつあるかと思われる。（中略）明治二九年の記念塔はこれに反して村ごとにあるが、恨み綿々などと書いた碑文も漢語で、もはやその前に立つ人もない。」（同前）

柳田が言っているのは、時間が経《た》つと大津波の記憶も薄れ、目立った話だけが語り継がれるようになり、ほかの記録は段々と失われていく。碑文も石碑もつくられたが、漢語で書かれているので読める人もいなくなったということです。

震災の記憶、歴史が次第に失われていく様を率直に記録して、これから起きるであろう津波に対する備えを忘れてはいけない、柳田はそのことを示唆しているのです。人々が津波の記憶を忘れて、次第に海岸沿いに家を建てはじめていましたので、彼はそういった忘却が次の災害につながる危険があることを指摘しています。

柳田が民俗学という学問を始めたのは、文字にならない記録、たとえば私たちの生活のしかたやライフスタイルを記録に留《とど》めようとしたからです。歴史学は文献に基づいて書かれるものが多いのですが、習俗や行事など文献に残らないものを収集しようとしたのが柳田独自の民俗学です。柳田は『青年と学問』という本の中で、歴史の重要性について次のように述べています。


「我々がどうしても知らなければならぬ人間の生活、それを本当に理解して行く手段として、人が通ってきた途《みち》を元へ元へと辿《たど》って尋ねるために、この学問（歴史＝講師注）は我々に入用なのである。苦いにせよ甘いにせよ、こんな生活になってきたわけが何かあるはずだ。それを知る手段は歴史よりほかにない。つまり現在の日本の社会が、すべて歴史の産物であるゆえに、歴史は我々にとって学ばねばならぬ学科である。」

（柳田國男『青年と学問』岩波文庫、一九七八）

皆さんは日本史や世界史を中学校や高校で学んでいるはずですが、柳田のいう歴史とは、もう少し私たちの生活に密着したものです。今、みなさんは洋服を着ていますが、明治時代には洋服は珍しくて多くは和服を着ていました。現在は椅子に座る生活がふつうですが、私の子ども時代にはまだ畳の部屋にちゃぶ台が置いてあって、そこでご飯を食べる生活でした。

そうした生活の移り変わりを知ることによって、私たちの現在のライフスタイルや生活の根っこがどこにあるかを見つめること、それが柳田の言う「歴史」にほかなりません。哲学では「アイデンティティ（自己同一性）」と言いますが、自分が何者であるかを理解するためには生活のルーツを知らなくてはならないのです。柳田はそれを『青年と学問』で言いたかったわけです。

体験的記憶と外部化された記憶

この一〇年ほど、私は歴史叙述の問題を中心に、歴史哲学を研究してきました。ここではその考えを基盤に「歴史の物語り論（ナラトロジー）」を紹介したいと思います。

歴史とは過去に起こった事柄を語る、あるいは記録にとどめることです。たとえば昨日のことを思い出してみてください。○○先生の授業が眠たかった、とか、晩ごはんはカレーライスだったな、と思い出すことができますね。過去の出来事は私たちの記憶の中にあると言ってもいいと思います。

しかし、自分はそう思っていたのに、ほかの人に聞くと違っていたという経験はありませんか？　また昨日のことは鮮明に覚えていても、一週間前、一カ月前、一〇年前のことになるとあいまいになるでしょう。つまり、記憶を手掛かりに過去を再現することは意外に難しいのです。

日記を書いている人もいると思います。記録があれば思い出すことはできますが、でも自分の日記を読んでもきちんと思い出せないことは往々にしてあります。なんでこんなことを書いたのか、不思議に思って読み返すことも多いと思います。

歴史とは、基本的に過去の事柄を証拠に基づいて再構成することです。「史料に基づいた過去の再構成」と言ってもいいでしょう。ありのままの過去（過去自体）というものが記憶や記録以外の場所に存在することは神ならぬ身のわれわれには証明できません。たとえば、今朝の朝ごはんがトーストとコーヒーだったことを思い出すことはできます。どんな味だったか、あるいは遅刻しそうで急いで食べたので味がわからなかったということを思い出すことはできますが、トーストやコーヒーそのものは胃袋で消化されてすでに存在しません。しかし、記憶しているので思い出すことならできる。ところが三日前の朝食がなんだったのか、ましてや一カ月前の朝食はすっかり忘れているはずです。記憶はこのように時間とともに薄れていきます。

つまり、私たちは文字化や図像化することで記憶を確かめられるのです。そして歴史もさまざまな史料に基づいて過去の再構成を行いながら、後世に語り継いでいるわけです。

自分が体験したことならば思い出すことができますね。人間の記憶がはっきりしてくるのは三歳か四歳くらいからでしょうか。小学校、中学校、高校で体験した過去は思い出すことができても、生まれたときのことを思い出すことはできないでしょう。お母さんの胎内から出てきたときのことは、誰も思い出せません。三島由紀夫という作家は、母親の胎内から出てきて産湯につかったことを覚えていると書き残していますが、よほどの天才でないかぎり自分の生まれたときなんて覚えてはいません。自分のお父さんやお母さん、あるいはおじいさんやおばあさんに聞いて、自分の生まれたときのことを歴史の中に位置づけるわけです。

私たちは明治時代や大正時代は体験していません。しかし、ローマ帝国時代や江戸時代といった歴史的過去は他人から聞いたり習ったりしています。だから昔のことを描いた絵巻物などを見て、当時の人がどんな服装をして、どのような生活をしていたのかを思い出すことができる。それらの記憶は「外部化された記憶」と考えることができます。

つまり私たちには、頭の中で思い出す個人的・体験的記憶と、読んだり聞いたりしたことをもとに思い出す公共的記憶の二種類があるのです。

私たちの過去は「物語り」の中にある

私たちは自分の体験的過去ですら、すべてを記憶しているわけではありません。たとえば、今朝は歯を磨いて顔を洗って朝食を食べて電車に乗って学校に来た。それを思い出すことはできますが、たとえば電車の窓から見た風景や隣の席のおばさんの顔といったこまごまとしたディテールまで、すべて思い出すわけではありません。

印象に残った事実は鮮明に思い出すことができるでしょう。しかし、あまり印象的ではない出来事はすぐに忘れてしまいます。イヤなこと、苦しかったことはなるべく忘れたいと思う。つまり私たちは過去の出来事に対して選択し、変形し、削除し、焦点化するといった編集作業を無意識に行っているのです。

サッカー部員として出場した全国大会で優勝したこと。そういった印象深い出来事はクローズアップされます。すべての出来事が等しく思い出されるわけではありません。

私はそれを「物語り」と呼びたいのです。

「り」が入っているのはなぜかというと、漢字二文字の「物語」とすると桃太郎の話や源氏物語、平家物語などを連想しますが、私が言いたいのはそうではなく、「私たちの語り」のほうに重点を置いているからです。自分の体験を言葉にして語ることで、はじめて自分の経験を組織化することができます。他人に伝えることもできるでしょう。

おそらく言葉を持たなければ歴史もない。そう言い切ってよいと思います。犬や猫も記憶は持っていますが、歴史は持っていない。歴史は言葉によってはじめてかたちづくられるものです。なぜなら、歴史は記憶の編集作業であり、それを一つのストーリーにまとめあげる言語化の作業だからです。

ストーリーとしてまとめるとき、先ほど言った選択や削除、焦点化といったことが行われ、さらに同じ出来事を経験した他人の記憶と摺《す》り合わせることによって記憶が共同化されます。つまり歴史とは、共同化された記憶、共同体の記憶という側面をもっています。

「物語り」というと「フィクションか……」と思うかもしれませんが、私が言っているのはそうではありません。私が「歴史の物語り論（ナラトロジー）」と呼んでいるものは、映画などのナレーションと考えてください。ナレーションはフィクションと異なり、現実との整合性を持っていなければなりません。「歴史の物語り」は、少し難しい言葉ですが「通時的整合性」と「共時的整合性」を併せ持っているのです。

通時的とは時間軸に沿った整合性ですから、ある出来事が起きて次の出来事が起こる。つまり時間的順序のつじつまです。共時的整合性とは、ある出来事が起きたことと同時代に起きたほかの出来事とが矛盾をきたさない必要がある、ということです。

「物語り」の正しさというのは、あくまでもさまざまな証言や証拠、歴史的な史料との整合性によって確かめるほかはないと私は考えています。過去はすでに消えてなくなっているわけです。にもかかわらず、過去はあったという確信を私たちは抱いています。過去がなければ現在の私たちも存在しないわけですから。

天空のかなたに過去そのものがあるわけではなく、過去があるとすれば、それは私たちが言葉をもって語る「物語り」の中にある。私はそれを「物語り行為」と呼んでいます。私たちが過去について語り、さまざまな史料に基づいて書き記す行為の中に、あるいはそれによってかたちづくられた「物語り」の中に過去は存在するのです。「歴史の物語り論」については『物語の哲学』あるいは『歴史を哲学する』という本（ともに岩波現代文庫）の中に詳しく書いてありますので、興味のある人はそれらを読んでみてください。

震災から立ち直るために必要なのは「物語り」

さて、私がなぜ「物語り」ということを東日本大震災と関連づけて話しているのか。それは「物語り」の持つ力が、これからの復旧・復興や、家族や家屋を失った人の心のケアに対して、非常に重要だと考えているからです。

仙台市の隣に名取市という町があります。津波の被害を受けましたが、その名取市で精神科クリニックを開業している桑山紀彦さんという医師の方は次のようなことを述べています。

「心のケアが必要な人にとって、記憶を紡ぎ出し、それを物語化し、どういう形でどこに仕舞う、つまり奉納するかという一連の作業が必要です。」

「心の傷をケアするのは、薬の処方を考えるのではなく、患者さんたちの物語を一緒に作っていく作業だということを改めて学びました。」

（海堂尊《たける》監修『救命』新潮社、二〇一一）

東日本大震災では死者・行方不明者含めて二万人近くの命が失われました。非常に多くの方々が家族を失い、また家屋などの財産を失うという喪失の体験をしています。その方々は、自分の体験をどう位置づけたらいいかわからないし、被害や被災の状況をどう納得したらいいのかわからないのです。桑山さんは、そうした人々に対して記憶を紡ぎ出し、物語化することが心のケアにとって重要な作業になると述べています。私はそれを「物語の再構築」と呼んでいます。

『アフリカの日々』などの小説を著したイサク・ディーネセンというデンマークの作家が「どんな悲しみでも、それを物語に変えるか、それについて物語れば、耐えられる」と述べています。私たちは思いもかけないような悲惨な出来事、あるいは耐え難いくらいの苦しい出来事に出遭ったとき、それを言葉にして起承転結をもった物語に語りなおすことによって、それらの出来事を耐えることができるのです。

大震災で家族を失い家財を流された人は、家族の歴史や過去も一緒に流され、失ってしまった。瓦礫《がれき》のなかから写真やアルバム、卒業証書を探し出し、泥にまみれたそれらの品々を洗っている被災者やボランティアの人たちの姿をテレビで見たことがあるでしょう。先ほど「物語りにはさまざまな証拠が必要だ」と言いましたが、子どもや家族を失った人、商売道具などの家財を流された人は証拠ともどもも津波に流されてしまった。だから、この先あるはずだった未来の物語も失ってしまったのです。

ですから、辛《つら》い体験、苦しい体験をもう一度自分の言葉で語りなおす「喪の作業」が必要となるのです。

皆さんもおじいさんやおばあさん、親戚といった身近な方が亡くなった体験をしたことがあるかもしれません。仏教でいうと四十九日、七週間のあいだ喪に服して、亡くなられた方を思い出す作業をしますね。亡くなった方を思い出して語る行為を続ける。それによって亡くなったという事実を自分の歴史の中に位置づけて、失われた方との関係を語りなおすことで喪失の体験を自分自身に納得させる。それが喪の作業、グリーフワークと呼ばれるものです。

東日本大震災で大なり小なり被害を受けた人は、自分に関する物語を語りなおし、あるいは再構築する必要に迫られたと言えます。物語る行為が心のケアに重要な役割を果たすのは、自分が何者であるかということ（アイデンティティ）を問いなおし、語りなおすことが、これから生きていくために必要だからです。

これは何も震災に限った話ではありません。皆さんのような中学生、高校生が上の学校へ進学するという人生の節目で、自分が何者であるのか、これまで何をしてきてこれから何をするべきかというアイデンティティを考え直すことと共通しているのです。

風土さえも破壊した福島第一原発

最後に、和辻《わつじ》哲郎という哲学者にふれながら、風土という視点から見た東北地方の復旧・復興の方向性について考えていきます。

今回の津波で流されたのは風土だったと思います。和辻は『風土』（岩波文庫）という著作を遺《のこ》していますが、風土とは人間のあり方を決めている基本的な枠組み「人間存在の構造契機」であると言っています。あるいは、自分は何者でなぜ今ここに生きているのかを納得する「人間の自己了解の仕方」とも述べています。

私たちはどこかの地域に生まれ、その風土の中で生活をしています。それが自分というものをかたちづくっている。つまり、どういう風土に生きているかが、自分は何者であるかを理解するための重要なファクターになるのです。これは歴史にも密接に関わっていて、「歴史を離れた風土もなければ風土を離れた歴史もない」と和辻は言っています。歴史と風土は一体で、風土は歴史的にかたちづくられたもの、ということです。

和辻の風土論を独自の形で発展させて『風土の日本』という書物を書いたオギュスタン・ベルクさんというフランスの人文地理学者がいます。実は二〇一二年三月九〜一〇日に東北大学で開いた国際シンポジウム「大震災と価値の創生」にベルクさんを招き、基調講演をしてもらいました。

ベルクさんは、風土とは単なる自然環境ではなく、人間の主体的なかかわりの中で形成されてきたもので、意味と価値を伴った歴史的な現実だと言いました。つまり人間にとって意味と価値を伴った景観や風景が風土なのです。日本には「殺風景」という言葉があります。「何もないこと」を意味しますが、ベルクさんは「風景を殺すこと」と解釈しました。

ベルクさんは「風土は趣《おもむ》きを持たなければならない」と主張しています。趣きとは心が動いていく方向を表し、歴史的に培われてきた自然との絆《きずな》を感じ、受け止めること。殺風景の反対が、趣きを持った風景となります。

戦後の高度成長時代、一貫した方針のないまま国土開発が行われた結果、風景を殺して日本は殺風景になってしまいました。今はどの町でも同じようなチェーン店や量販店が軒を連ねています。日本人が築いてきた自然とのかかわり方（里山や里海）というものを断ち切って、趣きのない殺風景な街ばかりが造成されています。

その最たるものが福島第一原発の事故ではなかったかと私は考えています。

水素爆発で原発から放出された放射性物質は、人間が生きていくうえでもっとも基本的な条件である大気や水、土壌や食料を汚染しました。少なくとも福島第一原発から三〇キロ以内では人間が生きていけない状況になりました。しかしこれは生存条件のみならず、福島に住んでいた方々が築いてきた故郷や人間関係、コミュニティ、地域文化というものをも同時に破壊してしまいました。福島第一原発は「風土」さえも破壊したのです。

そのうえ、放射性物質は半減期がとてつもなく長いので、幾世代にもわたる損害を生み出します。皆さんや皆さんの子どもや孫の世代まで放射性物質の影響は残ることでしょう。つまり未来世代へのリスクを残してしまったわけです。世代と世代の間での公平なリスクの分担、それを「世代間倫理」と言いますが、そうした観点から見てもこの事故は決して許されることではないと思います。

『100、000年後の安全』というフィンランドを舞台とした映画があります。単行本にもなっていますが、高レベルの放射性廃棄物を地下に埋設している「オンカロ」という施設の様子を描いたものです。その施設を人間は一〇万年後まで管理しなければならないのですね。一〇万年という単位を考えると、過去ならばネアンデルタール人がいた時代です。そのスパンで考えると、今から一〇万年後に地球がどうなっているのか、はたして人類が生きているのかすら誰にもわからない。つまり放射性廃棄物とはそれだけのリスク、負債を後々の世代に残すのです。

「物語り」は忘却に抗う力を持っている

東日本大震災を境にこれほど大きな出来事が起きたのですから、私たちの中で何かが変わらなければならないと思います。これまでと同じ生活はできないし、してはならない。これは価値観の転換です。従来の自然観や人間観、科学観、文明観など、自明のものとして受けとってきた考え方が根底から揺さぶられています。何を大事なものと考えるか、優先順位の組み替えを促すものになるでしょう。

私たちはそのすべてを覚えておくわけにはいきませんが、この大震災はなんらかの形で記憶にとどめなければならないのです。そうしなければ再び同じような災害が繰り返されてしまう。そのためには、忘却に抗《あらが》う力を持っている「物語り」を通じて歴史的経験を継承していかなければなりません。

東北地方の沿岸部では風土が失われてしまいました。人間の生活の基盤が壊されたのならば、今後の復旧・復興では「風土の再生」も同時に目指さなければいけないでしょう。アメリカ先住民に「大地は子孫が貸してくれたもの」という言葉があります。大地は風土と読み替えてもよいと思います。私たちが生まれ育った風土は、まだ生まれていない子孫のものでもあり、私たちが勝手に汚したり破壊してはならない借り物なのだ――。そういう見方をすれば、まだ生まれてもいない未来世代のことを考えないわけにはいきません。

西郷隆盛の有名な言葉に「児孫の為めに美田を買わず」があります。ふつうならば子孫が苦労しないように美しい田んぼを残そうとするはずですが、西郷はむしろ「子孫には苦労させなさい」と言いました。しかし、子孫に美田は残さなくても、せめて放射能に汚染された醜田を残さないようにはしなければならない。それはいま生きている私たち現存世代の将来世代に対する倫理的な義務であろうと思います。

東日本大震災から一年ほど、私はそういうことを考えてきました。震災は大なり小なり、皆さんの将来に影響を与えるだろうと思います。また、そのことを踏まえながら、皆さんにはぜひこれからの人生を歩んでほしいのです。今日の話がそのための参考になればうれしいと思います。

（この授業は二〇一二年四月二八日に行われた）

◎若い人たちへの読書案内

数学好きの科学少年であった中学時代に出会い、その後の私の「人生の歩き方」に多少なりとも影響を及ぼした本を三冊挙げることにする。

フロリアン・カジョリ『初等数学史（上下）』ちくま学芸文庫

教科書では足りず、父親の書棚にあった遠山啓『数学入門（上下）』や『無限と連続』（ともに岩波新書）を勝手に持ち出しては読みふけった。少々難しいところもあったが、巧みな比喩と歴史的エピソードを織り交ぜた叙述に魅了された。前者の巻末に参考書として挙げられていたのが「カジョリ（小倉金之助訳）『初等数学史（上下）』（小山書店）」である。私は初等「数学史」のつもりで注文したのだが、届いたのは「初等数学」史であった。表紙裏には「一九六二年三月三一日　高山書店」との書き入れがある。クロス装ハードカバー函《はこ》入りの、私が手にした初めての「学術書」であった。そのときの心躍りが、やがて私を科学史・科学哲学の道へと導いたのかもしれない。さいわい現在は文庫版で手に入る。

ジョージ・ガモフ『新版 1、2、3…無限大』白揚社

中学三年生の秋（だったと思う）、友人のK君が一冊の本を自慢げに見せてくれた。ガモフ全集第六巻『1、2、3…無限大』である。タイトルの面白さに惹《ひ》かれて無理やり借り受けると、そこには無限集合、相対性理論、量子力学、宇宙論など最新の科学知識がちりばめられており、一気に引き込まれた。それから毎月のお小遣いは、ガモフ全集を一冊ずつ揃《そろ》えるために消えて行った。ガモフはビッグバン理論などで知られる物理学者だが、彼は科学解説のあいまに「空間に果てはあるのだろうか」とか「時間の始まりはどこにあるのだろう」といった哲学的（？）な問いをはさんで読者の興味を引きつけていた。そのような問題は物理学を学べば分かるのだろうと思い、私は一路理学部を目指したのである。

エドガー・アラン・ポー『黒猫・アッシャー家の崩壊』新潮文庫

やはり中学時代、家が近かったこともあり、従兄妹《いとこ》たちの家にはしょっちゅう遊びに行った。ある日、足を怪我《けが》して野外での缶蹴《け》り遊びに加われなかった私を不憫《ふびん》に思ってか、叔父が二階の書斎に上げてくれ、こんな本でも読んでみたらと手渡してくれたのが、ポーの「黒猫」が収録されている筑摩世界文学大系の一冊であった。「これからわたしは、どこまでも悪夢としか思われないのにごくごく日常的に体験してしまった事件を記録するべくペンを執ろうとしているのだが、その中身をめぐっては、信じてもらえるとも信じてもらいたいとも思わない」と始まる一人称で書かれた小説を、私は実際の犯人による告白と勘違いして衝撃を受けた。夢中になって頁《ページ》を繰るうちに、気が付いたらあたりはすでに暗くなりかけていた。文章の力で異次元に拉致された、私にとっての文学開眼の日である。

憲法とは何か

長谷部恭男

はせべ・やすお
一九五六年広島県生まれ。憲法学者。東京大学大学院法学政治学研究科教授を経て、現在、東京大学名誉教授、早稲田大学法学学術院教授。立憲主義の理論的基礎、放送・通信法の研究で知られる。著書に『憲法と平和を問いなおす』『憲法の理性』『法とは何か』『憲法入門』『安保法制から考える憲法と立憲主義・民主主義』『憲法の良識』など多数。

「憲法」は二つの少し異なる意味内容が含まれている言葉です。ひとつは形式的な意味、もうひとつは実質的意味です。それぞれどういうことなのでしょうか。そこから憲法について考えてゆきましょう。

形式的意味での憲法は、実際に「憲法」という名がついている法律のことを指します。日本には日本国憲法という法律がある。これは日本の形式的な意味での憲法です。同じようにアメリカには、アメリカ合衆国憲法があります。ところがイギリスには、そのような名前のついた法律はありません。

これに対して、実質的な意味の憲法とは、どんな国にも存在している根本原理のことを指します。このことは憲法学のどんな教科書にも書いてある。これはどういう意味なのか。この問いに答えるためには、国家とは何か、まずそのことを考える必要があります。

国家は私たちの頭の中にしか存在しない

海外から帰国する飛行機の機上から富士山が見えたとします。「ああ日本に帰って来た」と思うかもしれません。確かに富士山は日本の領土です。しかし富士山自体は自然の山です。地球の表面の一部が盛り上がっているだけのことです。日本の領土だ、日本の山だと感じるのは、そういうつもりで私たちが見るからです。国会議事堂を考えても良いでしょう。建物自体は鉄とコンクリートの塊に過ぎない。日本の政府の建物だと思うのは、私たちがそう思って見るからです。

もう一歩、突き詰めて考えてみましょう。国家は、それ自体が話したり行動することはありません。ところがあたかも国家が話したり戦争するかのように、私たちは言ったり考えたりする。実際に行動するのはあくまで具体的な個人であるにもかかわらず。たとえば、中国の国家主席の習近平が韓国で大統領（当時）の朴槿恵《パククネ》と話をします。話し合っているのはあくまで習近平と朴槿恵という二人の個人ですが、「中国と韓国が話し合いをしている」と私たちは考えます。

世界の各地で国と国との戦争が起こっています。ジェット戦闘機を操縦し、ミサイルの発射ボタンを押しているのは、やはりあくまで具体的な個人です。しかしそれを指して「アメリカが戦争している」「イラクが戦争している」と私たちは言います。

こういう風に意味づけするのは、誰がどうすれば国家同士が話し合ったことになるのかを決める約束事が存在しているからです。その約束に則《のっと》って、バラク・オバマ（当時の米大統領）と安倍晋三の会話はアメリカと日本の会話と見なされ、アメリカにいる友人と私の会話は日米会談にはならないのです。誰がどういう手続きを踏めば、それが国家としての行動になるのか。それを判定するための約束事が、実質的な意味の憲法と呼ばれるものです。

実質的な憲法の存在が、国家を国家として成立させているのですから、「実質的な意味の憲法があらゆる国家にある」という表現はトートロジー（同語反復）です。「野球をするためには野球のルールが必要である」。それは当たり前ですよね。それと同じです。

立憲主義という知恵

立憲主義という言葉が、最近よく議論されます。立憲主義には、広い意味での立憲主義と狭い意味の立憲主義とがある。広い意味の立憲主義とは、政治権力を制限する考え方一般を指し、狭い意味の立憲主義は、近代の立憲主義を指す言葉です。それでは近代立憲主義とは何でしょうか。

近代立憲主義とそうでないものとを区別するのは、根源的に対立する多様な価値観や世界観を認めるかどうかの点です。近代立憲主義は多様な価値観の存在を認めます。それに対して、古代や中世の立憲主義は価値観の多様性を認めず、世の中の正しいこと、人の正しい生き方、正しい社会のあり方はひとつだけだと考えます。ひとつの正しい考え方に照らして、王様の行動をも制限する。政治権力を制限する点では立憲主義ですが、近代立憲主義ではありません。

近代立憲主義は、十七世紀から十八世紀のヨーロッパで次第に発達した考え方です。きっかけは宗教改革でした。マルティン・ルターは、カトリック教会に対してローマ教皇の説く教えは間違っていると批判を始める。これによってキリスト教世界は、カトリックとプロテスタントの少なくとも二つに分裂してしまいました。

ここで問題になるのは、宗教はその信者にはとても切実で大切なものであることです。みなさんはまだ若く、あまりピンと来ないかもしれません。しかし歳をとると、この世界はずっと続いて行くにもかかわらず、自分には限られた命しか与えられておらず、いつかは死んでしまうことの寂しさが身に沁《し》みて感じられるものです。そういうときに宗教は、自分と世界との関係を説明し意味付け、本人にとって大切な生きるよすがになります。

世の中にはたくさんの宗教が存在します。しかもどれが正しい宗教で、どれが間違っているか、客観的に見分けられません。にもかかわらず人は、自分の信ずる正しい宗教が、他の人にとっても正しい宗教であるはずだと思いがちです。その傾向をそのままにしておくと戦争にまでなってしまう。誤った宗教を信じている人は、肉体を滅ぼしてでもその魂を救ってやらねばならないと本気で考えてしまうからです。

宗教改革の時代に至って新しい機運が出て来ます。人間の世界には多様な価値観と世界観があり、互いに根源的に対立している。そしてどちらが正しいか、客観的に決めてくれる規準は存在せず、それぞれの人にとっては自分の信ずる価値観が何よりも大事である。そんな状態を端的に認めて社会をつくっていくにはどうすれば良いか、それを考えてゆこうという機運です。その結果、先ほどお話しした、多様な価値観を認める近代的立憲主義の考え方が生まれたのです。

議論の切り口の一つは、公と私の区別でした。生きてゆく上で、私的な領域と公的な領域とを分けて考える。私的領域で典型的なのは、家庭の中です。私的領域ではそれぞれの人が「これが正しい」と信ずる価値観に従って自由に生きてゆけば良い。そういう自由が保障されることがとても大事になります。

公的な領域では、社会全体に共通して関係がある物事を扱うのですから、自分が何を正しいと信じるかは一旦脇に置き、みんなに共通して重要な物事を冷静に話し合ってゆくことが必要になる。話し合っても結論が出ないときには、最後は多数決で決め、一旦決めたらみんなそれに従う。そういう態度が公的な領域では必要になります。

公と私の区分もまた、私たちの頭の中にしかありません。自分が正しいと信ずる宗教は、他人にとっても価値あるものであるはずだ、と考えるのは人として自然なことです。しかしその考えに流されると、他の宗教を信ずる人と深刻な対立を招いてしまう。そのようなことが起こらないように、公と私を意図的に切り分けることが大切なのです。

合理的な自己拘束

この立憲主義の考え方は、多くの国では硬性憲法、すなわち通常の法律よりも変えにくい法律に書き込まれています。日本の場合、通常の法律は衆議院と参議院の両院の可決でつくられますが、硬性憲法である日本国憲法の改正には、より高いハードルが設定されています。

なぜ立憲主義の原則を硬性憲法に書き込んでいるのか。それは、議論を通じて有権者をより多く説得できたほうが多数派を形成する通常の政治プロセスから、距離を置く必要があるためです。たとえば私的な領域では、少数者にも自分の価値観に従って生きる自由を保障しなければなりません。数年ごとの国政選挙によって、国民に認められる自由の中身が簡単に変えられてしまうようでは困ります。憲法に書かれているのは通常の政治過程からは距離を置く必要のある、中長期的に守るべき原則なのです。

これは結婚制度と同じですね。結婚は、多くの場合は男女が長い間にわたって一緒に暮らし、その間に子どもを育ててゆく。みなさんも将来感じることがあるかもしれませんが、最初のうちは、お互い好き同士で付き合っているのだから、わざわざ結婚なんて形式ばったことをしなくても良いじゃないかと思うかもしれません。ところが一緒に暮らしているうちに、お互いの嫌なところが見えて来て、もう別れたいと思ってしまうことがある。当人は別れたいと思っているのですが、冷静に長い目で見れば、別れることは二人のためにも、二人の子どものためにもならない。そういうときのためにわざわざ結婚という約束をして、あらかじめ簡単には別れられない仕組みにしておくのです。これは合理的な自己拘束の一例です。硬性憲法も同じ仕組みで、簡単には変更できず、そこに書かれた原則に社会全体がより深くコミットすることが意図されているのです。

戦争とは憲法同士の戦いである

作家の村上春樹さんはあるとき、中国と日本の国境紛争について「これは実務的に解決可能な案件であるはずだ」と指摘しました。国家が、突き詰めれば私たちの頭の中にしかないように、国境もまた私たちの約束事に過ぎない。お互い冷静に話し合えば、実務的に問題は解決できるのではないかというのです。実際、日本と中国との国境は、どうしてもここに国境を引かなければならないと最初から決まっているわけではない。同じことをイギリスの哲学者バーナード・ウィリアムズは「適切な国境のひきかたに関して一般的に妥当する回答はない」と表現しました。

あまり大きな意味を持っていない国境があります。EU諸国の国境を考えてください。ベルギーとフランスの間には複雑な国境線が引かれていますが、複雑だからと言って、その国境を巡って激しい争いがあるわけではない。争いがない理由は、ベルギーとフランスとは根本的に同じ内容の憲法を持っているからです。両国の境目をどこに引くべきか、実は真剣に争う必要がほとんどないのです。

一方、憲法の内容が根本的に異なる国家同士の間に引かれている国境はどうか。そこで起きる国境紛争においては、冷静な話し合いはなかなかうまくいきません。そして武力に訴えないまでも、けんか腰の言葉の応酬になる傾向がある。逆に言えば、激しくやりあっている国境争いの背景には、両国に異なる憲法が存在している可能性があるのです。

戦争は、一体どのような国家間で起きるのでしょうか。戦争において、究極の攻撃の対象は相手国の憲法です。このことはフランスの政治哲学者、ジャン＝ジャック・ルソーが最初に指摘しました。彼は『戦争および戦争状態論』で、トマス・ホッブズの社会契約論を批判しています。ホッブズは社会契約が存在する以前（自然状態）は、あらゆる人が互いに争い殺しあう闘争状態だったと言います。それでは人間らしい社会生活は送れません。そこで自然状態に暮らす人たちは、自分たちの自然権を主権者に譲り渡し、社会契約を結んで国家を作るはずだとホッブズは考えます。ルソーはこの議論は破綻していると批判しました。

自然状態を終結させ、平和裡《り》に暮らすために国家を作るというのですが、出来上がった国家同士は依然として自然状態、すなわち戦争状態にあるではないかというのがルソーの批判点でした。あらゆる国家は他の国家と戦争し、叩《たた》き潰《つぶ》そうとしている。しかも人間同士の場合と比べ、国家は個人よりも遥《はる》かに巨大な戦闘能力を備えているので、多くの人が命を落とす悲惨な戦争が現出してしまう。社会契約によって人為的に構成された国家同士には、自然の境界がありません。それゆえ本来的に、自分たちの安全を守るために支配域を拡張しようとする。したがって、国家はお互いに避けがたく戦争するのだというのです。

ルソーはいくつかの対応策を用意しています。そのひとつは、自発的な憲法原理の変更です。国家同士が戦争する理由が、相手国と自国の憲法のちがいにあるのなら、自分の憲法を相手にあわせてしまえば戦争にならないはずです。こういうことは世界の歴史の中では時々起こります。日本はアメリカと戦い負けました。そのとき日本は、勝ったアメリカの要求に従って憲法を改正しました。

同じような自発的な憲法原理の変更例は、一九九〇年前後にも見られました。第二次大戦の終結後、米ソ二大陣営がそれぞれ異なる憲法原理をもって対峙《たいじ》する、冷戦というイデオロギー的な対立がありました。冷戦が終結したとき、東側諸国は、西側と同じ議会制民主主義国家となるべく、次々に憲法原理を変更したのです。そのことによって冷戦は終結したとも言えます。

憲法九条の意味が無くなってしまう危険

最後に、いま話題になっている集団的自衛権のこともお話ししましょう。

集団的自衛権の議論をするとき、この言葉がいろいろな場面で使われていることに気を付けなければなりません。第一に、自国の安全のために、複数の国家がそれぞれ個別的自衛権を共同行使して、共通の敵と戦うという意味で使われる。次に、国際社会の平和と安全のために、自らの自衛権にしたがって武力を行使し友好国を援助する場合に、集団的自衛権と言われることがある。

二番目の集団的自衛権は、他の国を守り、国際社会の安全を実現しようとしているのですから、実は自衛権ではありません。従来、日本政府は憲法九条のもとでは集団的自衛権の行使は禁じられていると説明してきました。このとき禁じられているのは二番目の集団的自衛権です。一番目の行使は禁じられていません。

これは合理的な憲法解釈だと私は思います。憲法九条は表向きはおよそ戦力を持つことを禁じています。武力は行使するな、というのです。それでもやはり国民の生命と自由と財産を守るために避けられない武力の行使はあり得る。それは自国を守るための武力行使であるというのが従来の政府の見解でした。

この解釈を変更してしまうと、憲法九条の意味がほとんど無くなってしまう。ところがみなさんもご存知のとおり、二〇一四年七月の閣議決定では「我が国と密接な関係にある他国に対する武力攻撃が発生し、これにより我が国の存立が脅かされ、国民の生命、自由及び幸福追求の権利が根底から覆される明白な危険がある」ときには、他国による武力攻撃に対処するために、日本は武力を行使できるとしました。

まず、こんなことが現実に起こりえるのかという疑問が浮《う》かんできます。「我が国の存立が脅かされる」というのは日本の政府が転覆されることです。そのような明白な危険が発生することがあり得るのでしょうか。それともその時々の政府が「いや、明白な危険があるのだ」と言えば、あることになるのかもしれません。それでいいのでしょうか。

第二次大戦前、「満蒙《まんもう》（満州とモンゴル）は日本の生命線」という言い方がありました。仮想敵国ソ連に、満州やモンゴルを取られてしまうと、日本の存立は根底から脅かされるというのです。同じように、たとえば遠く中東のホルムズ海峡で何かが起こっても、我が国に明白な危険が発生したと政府が判断したら武力を行使できることになるかもしれません。

そうすると、従来の政府の憲法解釈から大きく異なり、政府がその時々の判断で、自衛隊を行動させるかどうかを決められることになる。これから関連法案をなおしてゆく過程で、真剣な議論が戦わされるでしょう。そういう議論を通じて、何が明らかになってくるのか、みなさんも見つめていってください。

（この授業は二〇一四年七月五日に行われた）

◎若い人たちへの読書案内

近代社会では、前近代社会と違って、正しい見方や生き方が一つに決まっているわけではありません。詐欺の常習犯としての生き方とか、多くの信者を集団自殺させる導師としての生き方のように、そんな生き方はすべきでないことが明らか、というものはありますが、そうしたものを除外しても、正しい見方や生き方が一つに決まることはありません。そのため、自分では善意のつもりでした行動が、人にとっては迷惑千万ということもあります。

私が専門にしている法律という学問は、世の中の人々は、いろいろな見方や考え方をするもので、肚《はら》の中では一体何を考えているのか分からない。自分のことも、本当に信頼しているのか、損得勘定の上で取引の相手としてだけ見ているのか、隙があれば騙《だま》してやろうと考えているのか、それもよく分からない。それでも、平気な顔をしてお互いに付き合いながら社会生活を送るために必要なルールや原則は何か、それを研究する学問です。

ものの見方や生き方が人それぞれだ、ということを教えてくれるのが小説です。とはいえ、日本には一つの見方だけを丹念に描く私小説というジャンルがあるので、用心する必要があります。世の中に多様なものの見方や考え方があることを教えてくれる小説としては、たとえば**丸谷才一**さんの作品があります。**『輝く日の宮』（講談社文庫）**、**『女ざかり』（文春文庫）**などです。丸谷さんのエッセイや文芸評論も、読むと勉強になります。

私自身が中学生や高校生の頃、何を読んでいたかとなると、**夏目漱石《そうせき》**や**アルベール・カミュ**、**ドストエフスキイ**といった定番のものも読んでいましたが、少し変わった子どもだったせいで、**『聖書』**や**『荘子』『墨子』**といった本も読んでいました。

こういった書物は読み方がむずかしい。とくに**『聖書』**はそうです。書かれていることをことば通りに素直に受け取っていいのか、それとも裏の意味があるのか、それはいく通りあるのかといった議論が何千年にもわたって繰り広げられている書物ですから。

たとえば、新約聖書の中でイエス・キリストは、悪人に手向かうな、右の頬を打つ者には、左の頬を向けてやれ、と言っています。平手打ちくらいなら、それもいいかも知れませんが、もっとひどいことをされても、されるがままになっているべきなのでしょうか。されるがままになるべきだとすると、それが正しい生き方だからなのか、それとも抵抗するともっとひどい目にあうかも知れないので、リスクを避けるためという損得勘定からなのか。

また、伝道に向かう弟子《でし》たちには、お金は一切持ち歩くな、杖《つえ》も革草履も持っていくなと言っています。自分の財産を一切持つなということだとすると、現代のキリスト教会が壮麗な聖堂や大規模な修道院を運営していることは、どのように理解すればよいのか。

こうした疑問が次々にわいてきます。いろいろな見方があることを間接的な形で教えてくれる本です。

答えはひとつしかないのか

——見方を変えれば
本当のことが見えてくる

金子勝

かねこ・まさる
一九五二年東京都生まれ。経済学者。茨城大学人文学部講師、法政大学経済学部教授を経て、慶應大学経済学部名誉教授。専門は財政学、制度の経済学。著書に『市場と制度の政治経済学』『反経済学』『環境エネルギー革命』『「脱原発」成長論』『金子勝の食から立ち直す旅』『資本主義の克服』『日本病』『悩みいろいろ』など多数。

今日は三つのテーマで経済についてお話しします。

一つ目は、バブルの話。

二つ目は、お金ってなんだろう、という話。

三つ目は、日常では想像できないことが実際に起きることを、どう考えたらいいかという話。

阪神淡路大震災やリーマン・ショックや原発事故など、一生のあいだに何回も起きないことのために、人間はなにかを備えることができるのか、という問いかけでもあります。

イソップ寓話《ぐうわ》に「アリとキリギリス」があります。夏に遊んだキリギリスは、冬に腹を空かす。アリは夏に働いて食べ物を蓄えていた。キリギリスはアリに食べ物を乞うが、分けてもらえず死んでしまいましたという物語。でも現代ではこんな展開だってありうる。アリは過労死で死んで、キリギリスはアリが働いて残したものを食べてラクに暮らしました、とさ。リスクなんて気にせず投資すれば、いい暮らしができると思っている人がいる。一方で、派遣社員として働き、使い捨てられる人がある。

そういう状況を前提に、三つの話をします。

その前に学問のことについて、ちょっと話そうか。

どんなスポーツでも日々基礎訓練をします。その訓練は、単純でつまらないことが多い。しかしその基礎を身につけていなければ、実際の試合で胸がすくような面白いことはできない。単純な基礎訓練の先に面白いことが待っているのです。学問や勉強も同じです。学問の場合、基礎勉強のつまらなさと、受験勉強が重なると、学ぶことがさらにつまらなくなる。でも、学問が面白く思えるようになるためには、基礎勉強は必要なのです。

君たちはこう思うかも知れない。こんなに世の中が激しくどんどん変わると、基礎勉強そのものが時代遅れになるのでは、と。たしかにそうです。スポーツに戻れば、僕は中学のとき野球をやっていて、毎日ウサギ跳びをしていた。いまはウサギ跳びは危険だと言われている。運動中に水は飲んではいけないとされていた。いまは水分は適宜補給しなさいとなっている。つまり、正しいと思ってやっていたことも、あとの時代になって間違いだったとなる場合もあるのです。「正しさ」は変化するのです。だから、いま学校で教わっていることは全部ウソであるということだってありうる。

「正しさ」についてわかってもらうために、ここはあえて、君たちにわかりやすい例を出そう。男の子から見て、かわいくて、頭がよくて、性格がよい女の子なんて一人もいない。女の子から見て、かっこ良くて、頭がよくて、やさしい男の子なんて一人もいない。完璧なものなんてないのです。

前に「正しさ」は変わることもあると述べましたが、つまり完璧な正しさなんてものも、ないと考えたほうがいい。反対に、正しさを強調するのは、疑ってかかる必要がある。ビルの上で鉄骨が運ばれているのに、頭上に簡単な板が張られているだけで、安心してしまうことがあるでしょう。でも、屋上から鉄筋が落ちたらひとたまりもない。考えてごらん。安全と名が付いていることはほとんど安全でない。安全ピンがそうだ。ピンが安全でないから「安全」を強調している。正しさも似たようなものです。

そのうえで、僕は言いたい。それでも君たちがいま学んでいる、正しいと信じられている学問が無駄になることはありません。そもそも、正しいことがひとつということは、僕の経験では、世の中にほとんどない。自然科学でさえそうです。僕は経済学者であるわけですが、大学時代に習った経済学は、いまや訓詁《くんこ》学に近いものになっている。では、僕が学生時代に経済学を学んだことが無駄だったかと言えば、そんなことはまったくありません。「正しさ」は変わりうると考え、なぜそれが変わったのかをたどっていくことが考える力をつけてくれるからです。

バブル経済が発生する仕組み

最初のテーマ、バブルの話をしましょう。君たちは、バブルってわかりますか。株や土地の価格がベラボウに上がってしまう現象をバブル経済と言います。

経済学を学ぶと、価格はこうして決まると教わる。すなわち、価格（P）は需要曲線（D）と供給曲線（S）が交わったところで決まる、と。ところが、バブルは、需要と供給で価格が決まらない。

通常は、必要に応じて土地を買います。自宅を建てるために土地を買うとか、商業用のビルを建てるために土地を買うとか。しかしバブルは、必要性とは関係なく、価格が上がるだろうという期待で、土地や不動産を買いはじめるのです。すると、値上がれば値上がるほど、供給は減るわけです。なぜなら土地をもっている人はこれからもっと値上がるぞと思って売り惜しむからです。もっていない人はこれからうんと上がるぞと思うから欲しがる。こうして実際の需要がなくても、土地が値上がっていく。これがバブルが発生する仕組みです。

大手企業が一〇〇億円株をもっているとする。それが値上がりで一二〇億円になる。汗水垂らして二〇億稼ぐのは大変なことです。ところが株をもっているだけで二〇億の利益を手に入れられる。バブルは株を買った人や企業に「濡《ぬ》れ手で粟《あわ》」をもたらすのです。でも、濡れ手で粟の世界は、博打《ばくち》の世界です。だれがババを引くかは誰にもわからない。サイコロで運命が決まるようなものです。バブルのことを「根拠なき熱狂」と言います。それは実需と関係ない値上がり益で、みんなが酔っ払うことでもあります。

こういう現象は日本でも起きてきた。いちばんひどかったのは一九八六年から九一年の時期。そのときの大学生は「バカ」でした。僕の大学の女子学生の幾人かはルイ・ヴィトンのバッグをもっていました。「先生、パリに行って来ました～」とニコニコしている。ヴィトンを手にエッフェル塔の下で撮った写真を見せてくれる。「ヴィトンのバッグなんて成金がもつもので、学生がもつものでないぞ。フランス人が信玄袋をもって東京タワーの下で記念写真を撮ったようなものだ」とよく叱《しか》ったものです。男子学生にいたっては、学生の身分で中古のＢＭＷを買う者がいた。クリスマスに女の子をひっかけるために乗っている。オツムがイカれている。そういう浮かれた時代があった。

学生についての話を少しだけ続ければ、一転して、九〇年代半ば以降の学生はクラい。バブルとまったく逆です。みなユニクロを着て、昼はマクドナルドのハンバーガーやはなまるうどんを食べている。夜は二八〇円の牛丼。合計して一日一〇〇〇円もかからずに生活している。デートも節約で都民の日に上野動物園にタダで入る。未来に明るい希望をもっていないので、バブルのときとはちがう人間になる。生まれた時代によって、つまりバブルに生まれたか、バブル崩壊後に生まれたかで、人間の心理状態も性格も大きく変わりうるということです。

景気循環という言葉があります。好況と不況がくり返されることを言います。国内総生産（ＧＤＰ）、失業率、鉱工業生産指数、設備稼働率、物価――そういう指標をとると、十年おきに景気循環が起きているように見える。

これに加えて、シュンペーターは五十年周期で大きな産業の波があると唱えました。コンドラチェフ循環と言います。一九二九年の大恐慌のときも五十年周期の底だった。そこに十年周期の波の底と、二〜三年周期の在庫の波の底と、三つの波の底が重なったという説があります。シュンペーターの学説には、金融とかバブルという言葉はほとんど出て来ないので、現代の社会を説明する理論としては不十分です。ただ、見方としては非常にわかりやすい。

バブルとバブル崩壊もくり返されています。これは日本だけでなく世界中がそうです。バブルとバブル崩壊がくり返されはじめたのは、一九八〇年代以降のことです。それ以前の世界と、それ以降の世界は、まったくちがう経済世界だと考えたほうがいい。

先に述べた日本の八〇年代後半は不動産と土地のバブルでした。九〇年代はＩＴバブル。コンピュータを使った通信技術がバブルとなって、ベンチャー企業の株式市場であるナスダックの株価が猛烈に上がった。二〇〇〇年代はアメリカやスペインやイギリスなどで住宅バブルが起きた。サブプライム住宅ローンという所得の低い人も組めるローンが証券化されて広まることで起きたバブルです。

それ以前の経済はどうだったか。日本の高度成長は一九五〇年代、六〇年代ですが、これは実体経済の時代でした。ものを作ったり、サービスを提供する人が経済を引っぱっていた。銀行がお金を貸して、証券会社が株を引き受けた。金融はあくまで資金の仲介業でした。たとえて言えば、ものを作ったり、サービスを提供する人が筋肉で、銀行や証券会社はそれに血液を流す役割だった。この時代は、会社の財務状況がよくなるのと、社会の景気がよくなるのとは一体でした。経済のあり方として幸福な時代だった。

いまはひどい社会になっている。若い人が非正規社員化している。派遣社員、契約社員が組織の中で固定されて這《は》い上がれない構造となって若者が希望をもてない。格差は広がるばかり。一方、資産をもっている人はますます潤う。この人たちが消費をして、少しずつ景気がよくなってくると、非正規社員が大量に雇われる。すると景気がピークを迎えて、バブルが崩壊し、非正規社員が辞めさせられる。

これがいま起きていることです。経済学者でこのことを説明しているのは、ハイマン・ミンスキーといった異端の経済学者しかいない。ほとんどの経済学者は、バブルとバブル崩壊がくり返されることを想定していない。

世界が大きく変わるのは七〇年代からです。七一年にニクソン・ショックが起きる。七四年と七八年の二回にわたり、オイル・ショックが起きるのです。七〇年代を境に、実体経済と離れたところで、お金だけが一人歩きするようになっていきます。

一万円が一万円でなくなる日もある

七〇年代以前は、がんばって働いたアリがお金を蓄えて、怠けたキリギリスが死んでしまう時代でした。七〇年代以後は、アリががんばって働いても蓄えられず、キリギリスがアリが過労死をしてわずかに残った蓄えを横取りして生きている時代。そういう世界に転換してしまう。

どうしてこういうことになったのか。実際に働いて収益を上げるよりも、株や不動産のほうが短時間で大きく儲《もう》けられるからです。なぜそうなったのか。そこでお金ってなんだろう、となる。

昔は、実体経済に片足を突っ込んでいたので、金《きん》の量に通貨の量が制限されていました。アメリカの中央銀行が発行しているお札は背後に金という財産があった。お札はモノとしては紙っぺらだけど、最後は金と交換できますよ、という保証があったのです。そして金とお札の交換比率が一定になっていた。

ところが一九七一年に大変なことが起きる。ニクソン・アメリカ大統領が、ドルと金の交換を停止するのです。もう金とは交換しません、これからは自由にお金を取り引きしましょう、と宣言した。金との交換が停止されたお金の価値は、どう決まるか。たとえば円とドルの価値はどう決まるか。為替市場での交換の比率で、お金の価値が決まっていく。お金の価値はお金同士の交換によって決まるようになった。お金は、「鏡の国のアリス」ならぬ「鏡の国のお金」のように、どこまでいっても実体がないものとなってしまったのです。金との交換停止によって、通貨量の制限がなくなった中央銀行は、論理的にはいくらでもお金を発行していいことになりました。

ここに一万円がある。どうして、これが一万円なのか。それは、みんなが一万円だと思っているからです。ということは、一万円が一万円でなくなる日もあるということです。歴史上、そういうことは起きています。

一九九八年にロシアのデフォルト危機があった。ロシア政府が借金を返せなくなったのです。当時ロシア政府は多額の借金をしていました。そしてロシア通貨のルーブルで、国債も金利も払えなくなった。それをデフォルト、債務不履行と言います。このニュースが流れた瞬間に、ロシア国民はルーブルに見切りをつけて、ドルと交換しようとした。自国の通貨なのに、もう価値がなくなると思って手放したのです。

つまり、一万円札が一万円の価値があるのは、政府や銀行が、こいつらに任せておけば大丈夫だぞという信用や信頼を集めて初めて成立するのです。政府や中央銀行への信用や信頼がなくなると、どうなるのか。通貨の価値がなくなるのでハイパーインフレーション、狂乱物価が起きます。

たとえば物価が二倍になると、借金は実質半分になります。貯金も実質半分になる。国の借金が一気になくなるときは、ハイパーインフレーションのときです。第一次大戦後、第二次大戦後、石油ショック。物価がドーンと上がって借金がチャラに近いかたちとなる。

いま、とてつもなくおかしな状況にある。世界中の中央銀行が、ジャカジャカお金を刷っている。しかも政策金利、つまり中央銀行が民間にお金を貸し出すときの金利がゼロに近い。つまりタダ同然で、お金を借りられることになっている。バブルの崩壊で不況がひどくなったためです。借金の利子負担を軽くすれば、企業はつぶれなくなることで救われます。中央銀行の政策金利がゼロになることは歴史上、ほとんどない。少なくとも、近代の産業革命が始まって以来ないことです。FRB（連邦準備制度）、ECB（欧州中央銀行）、日本銀行、この先進国の三つの銀行の政策金利はほとんどゼロ。預金金利も一パーセント以下。そういう未曽有の時代に生きている。世の中には借金したい人がいます。会社なら設備投資したいとか、個人なら家を買いたいとか、そういう人たちにお金を貸しても、利益率がほとんどないことになる。

貨幣ってなんだろうと、経済学者があまた説明しています。いろいろな考えがある。だけど、いまは正直、誰もわからないというのが本当のところです。

巨大リスクとどう付き合うか

三つ目の話。こういう経済のなかで、滅多に起きないのだけど、起きたら大きな打撃となるリスクがある。ドイツの社会学者ウルリッヒ・ベックが、チェルノブイリの原発事故のあとに『危険社会』を書きました。科学が暴走を始めている。リスクを小さくするはずの科学が、巨大になってリスクが大きくなって、リスク社会をつくっている、と。

経済を見てみても、そのことはわかる。一九二九年のときアメリカのGDPに占める民間サイドの借金は、一・五七倍くらいあった。つまり、一年間かけて作り出す富の一・五倍以上の借金をしてバブルをやったということです。株をどんどんつり上げた。みんな借金して株を買う。するとまた株が上がり、また借金して株を買う。八百屋さんも洗濯屋さんもみんな株を買う。そして暗黒の木曜日、つまり一九二九年十月二十四日がやってくる。突然株が暴落し借金を返せなくなる。

では、日本の一九九〇年代初めのGDPに占める民間サイドの借金はどのくらいか。三・八八倍。GDPの四倍近く借金があった。それが弾《はじ》けた。貸し渋り、つまり銀行がお金を企業に貸さなくなる。貸し剝がし、つまり銀行が企業に貸したお金をむりやり回収していく。信用がどんどん収縮していく。世の中に出回るお金が縮小して、お金が回らなくなっていく。給料が落ちても物価が下がれば購買力は変わらないのです。だけど、三食、すき家と日高屋だとつらいだろ。僕も大学時代は三食インスタントラーメンを食べていたときがある。朝は味噌《みそ》ラーメン、昼は醬油《しょうゆ》ラーメン、夜は塩ラーメン。それを半年続けたら七、八キロ痩《や》せた。借金をして株や不動産を買った人は、株や不動産が暴落すると借金を返せなくなって破綻する。どうにかして返そうと節約する。企業も従業員を削り、派遣や契約労働者に代える。支払う賃金も下げていく。そうして、どんどん物価が下がっていく、デフレーションに陥っていったのです。

いまはバブルとバブル崩壊がくり返される社会の中で生きている。膨大なお金が世界を彷徨《さまよ》って、それは危険ドラッグのように気持ちいい。しかしいつ破綻する巨大リスクが降りかかってくるかわからない。しかし、こうしたリスクを、社会全体で何とかしなければならないと、普通の人は考えないのです。

予測できないことを全部回避したら、何もできないことになる。彼氏とデートでクルマに乗ろう、でも事故に遭うかもしれないのでやめよう、と考えたらデートはできないでしょう。人間はある程度、リスクを覚悟して生きるしかない。そのリスクをシェアし合って、被害が広まらないような仕組みを作ることが大事です。それをセーフティネットという。それがないとリスクが怖くて動けなくなってしまう。サーカスの綱渡りは、下に網があるから大胆な演技ができるんです。

私たちがいま直面していること。それは宇宙工学で使うような最先端の金融工学をつかってリスクを計算しても、リーマン・ショックのときはまったく役に立たなかったという事実です。経済学はそういう問題について、あまり考えてこなかった。原発事故も似ています。僕は、そういう巨大リスクに対して発言してきました。僕らは、巨大科学がもたらすリスクの巨大化に、どう臨んだらいいのか。そのために君らが学んでいる学問は役に立つのか。

ケンブリッジ大学にいたジョン・ロビンソンという経済学者がいる。この人が名言を吐いている。

「経済学は何のために学ぶのか。経済学者に騙《だま》されないために学ぶんです」

なぜ、常識でなくなってしまうかもしれない学問をいま学ぶのか。それは、常識を打ち破るためです。そういう勉強の仕方をしてください。それでないと、新しい時代には立ち向かえない。

冒頭申し上げたように、時代はつねに変化している。人間の思考も、真理も変わる。

常識は学ぶけど、常識に縛られないこと、それがこれから生きていくうえで大切だと思います。

（この授業は二〇一四年一一月八日に行われた）

◎若い人たちへの読書案内——子どもと大人の架け橋になる本

私は中学校や高校は電車通学だったので、たくさんの文庫本や新書を読みました。高校生くらいになると、背伸びして哲学や政治学の本などを読みました。今思うと、恥ずかしい理解力でしたが、それでも人間、背伸びをすることも必要なんだと思います。分からないことを理解したいと思うことが人間を成長させていく原動力になるからです。

でも、その前に、読書は楽しいものだということを教えてくれる本に出会うことが大切です。最初に本格的な小説を「大人の文庫」で読んだのは、**アレクサンドル・デュマ**の『**モンテクリスト伯**』でした。文庫本では七冊もあります。児童向けダイジェスト版の『巌窟王《がんくつおう》』はただの復讐《ふくしゅう》劇ですが、文庫本で読むと、長い投獄期間も含めて、人に傷つけられ不遇な立場に置かれる人間の心の動きも、復讐を繰り返しながら、結局、復讐相手の子どもたちを許していく人間の心の動きも理解できます。ダイジェスト版の『巌窟王』と比べることで、本格的な小説の面白さを教えてくれた本です。

子どもの時に読んだ印象と大人になってから読んだ印象が違う本もあります。たとえば、ジーン・ウェブスターの『あしながおじさん』は、親切なお金持ちのおじさんが孤児院の女の子を救う話だと思い込んでいました。しかし、再読すると、あしながおじさんは実は民主社会主義者で、主人公のジュディと結婚する話なのです。お金は人間を見失わせます。大人になって、お金持ちの男性がお金目当てでない信頼できる女性と出会うことの難しさを理解できて、この話の深さを知りました。

ジュール・ヴェルヌの『**十五少年漂流記**』も昔は少年たちの冒険小説だと思っていました。再読すると、無人島に流れ着いた子どもたちが選挙や教育や軍隊をもうけ、自ら「共和国」を作りあげる話なのです。それは子どものための民主主義の教本のようでもあります。大人たちに対しては、子どもだって自ら社会を創ることができるんだ、もっと子どもを信頼せよと訴えているようにも読めます。

最後に、最近売れている**吉野源三郎**の『**君たちはどう生きるか**』について一言。この本は児童文学者の吉野が子ども向けに書いた本です。しかし、子どもたちにどういう社会を残さなければいけないのかを考えながら、きっと大人たちが買っているのだろうと思います。おじさんは主人公のコペル君にこう書きます。人間が「心に感じる苦しみやつらさ」の中でも「一番深く僕たちの心に突き入り、僕たちの眼から一番つらい涙をしぼり出すものは」「自分が取りかえしのつかない過ちを犯してしまったという意識だ。自分の行動を振りかえって見て、損得からではなく、道義の心から『しまった』と考えるほどつらいことは、恐らくほかにないだろう」と。この本を理解するには、昭和恐慌から満州事変、日中戦争に至る昭和現代史の勉強が多少必要です。まともな大人たちが、いま子どもたちに向かって何を考えているのかを知るという意味で読んでほしい本のひとつです。

「戦後」とはどんな時代だったのか

白井聡

しらい・さとし
一九七七年東京都生まれ。専門は政治学・政治思想。文化学園大学助教、二〇一五年より京都精華大学専任講師。戦後政治の構造を指摘した『永続敗戦論』が数々の賞を受賞し、ベストセラーになる。その他の著書に『未完のレーニン』『「戦後」の墓碑銘』『国体論』など、共著に『日本戦後史論』『日本劣化論』『日本の反知性主義』など。

みなさんは「戦後」と聞いて何を思い浮かべますか。「平和」と「繁栄」がひとつの模範解答でしょう。戦争のない時代が長く続き、日本人の暮らしは豊かになりました。けれどもいま十代のみなさんは「戦後」を表す言葉として、平和はともかく繁栄を思いつきますか？　バブル経済の崩壊以来「失われた二十年」とも形容される不況が続いてきました。生まれたときから経済は不調だったみなさんにとって、いくらモノが豊富にあると言われても繁栄とは縁がないと感じているかもしれません。

不況が続き、オウム真理教事件や秋葉原通り魔事件などが起きました。動機や世界観がわからない犯罪の起きるギスギスした社会の雰囲気の中で、私たちは三・一一を迎えます。津波が街をのみ込み、原発が深刻な事故を起こしました。いま関東地方に住む人びとが普通の生活を続けられているのは、全くの偶然と言っても良く、この原発事故によってまさに殺されかけたという事実を私たちは肝に銘じておくべきです。もし原発へ続く道路が地震で損壊していたら、もし余震でさらに激しく格納容器が壊れていたら、もし緊急事態に対応した現場の所長が無責任な人間だったら。そしてたまたま四号機の使用済み燃料プールが水を溜《た》めたままだったという幸運がなかったら。いくつもの偶然が重ならなければ、もっと重大な結果になっていました。

この震災をもって、戦後という平和で繁栄した時代は終わったのだと私は考えます。大正時代を終わらせたのは大正天皇の死ではなく関東大震災だとよく言われます。そのことに似ています。

「戦後」の本質が見えてきた

いまひとつの時代が終わりを迎えていることで、二つの大きな動きが出てきました。ひとつは「戦後」の本質が赤裸々に出てきていることです。平和と繁栄という外観の裏側にどのような影の部分が隠されてきたのか、露《あら》わになる出来事が次々に起こっています。もうひとつは変革への欲求が高まっていることです。戦後のどす黒い影を克服して新しい時代を迎えるために、変革が必要なのです。

露わになった戦後の影の部分は、どのような点に見られるか具体的にお話ししましょう。たとえばいま、原発事故の責任は第一義的には東京電力にあるとされ、事故処理体制が作られています。しかし本当に一民間企業である東京電力はその責を負い、対処できるのでしょうか。事柄の重大さから考えて、国家が前面に出て処理するのが当然ではないでしょうか。そう考えると、いまだにまともに事故を処理することすら始まっていないのです。こんな無責任な状態に驚くとともに、ある既視感を覚えます。それは丸山眞男《まさお》のいった「無責任の体系」です。丸山眞男がそれを指摘した論文集『現代政治の思想と行動』を私はずっと前に間違いなく読んでいるのですが、三・一一後に改めて読んだとき、迫ってくるリアリティが全くちがい、大きな衝撃を受けました。

丸山眞男は戦後最も偉大な政治学者と言われます。旧制高校を経て東京帝国大学に入学し、在学中に書いた論文が認められて助手となった非常に優秀な日本思想史の研究者です。彼は三十歳のとき、東大助教授をしていたにもかかわらず、徴兵されて戦争に行きます。帝国大学に勤める人が兵隊に取られるのは異例です。戦争から帰って来て、なぜ日本が破滅的な戦争に向かっていったのかを明らかにするために、天皇制ファシズムと言われる日本の政治体制を分析し、そこに「無責任の体系」があると喝破して一躍有名になります。

丸山はいわゆる東京裁判を観察して強いショックを受けました。丸山を驚かせたのは戦後、戦争指導者のうち誰一人として「私が戦争をはじめた」と言わなかったことです。法廷に連れ出された人びとは、首相や陸海軍の大臣など指導的な立場にいたにもかかわらず、口を揃《そろ》えて、私は内心では戦争に反対だった、しかしそれを言い出せる雰囲気ではなかった、と言いました。彼らの弁明は、責任逃れの嘘《うそ》ではありません。むしろ正直な証言だと考えられる。つまり誰も望んでいなかったにもかかわらず、いつの間にか「空気」に流されて戦争がここまで拡大し、国民は酷《ひど》い目にあってしまったのです。ナチスドイツの場合には、明らかにヒトラーこそが戦争を始めたのですが、日本の場合は誰もそのような明確な意識を持たずして、自国民三〇〇万人以上、他国民二〇〇〇万人以上を犠牲にした戦争をしてしまった。それはナチスドイツの場合より一層悲惨だと丸山は書きました。

KYという嫌な言葉がありますが、これと全く同じです。「あいつ空気読まないんだよな」という風に使われるとき「空気を読め」と命令する主体はいません。空気を読まないことは言うまでもなく悪いことだ、ということが何となく共有されるのです。私たちは本当に、かつて戦争の原因と動因となったものを克服しえたのだろうか、それは非常に疑問です。

原発事故も空気に流された結果であるといっても良いでしょう。メルトダウンの直接の原因は全電源喪失ですが、この危険は決して想定外ではありませんでした。にもかかわらず、原子力ムラの関係者たちは、全電源喪失のリスクの存在を認めてしまえば、膨大なコストをかけて対策をとらなければならない、だからそのリスクはないものとしてしまっていたのです。原子力ムラの人びとは、部外者からそのことを指摘されても、ナンセンスだと退けてきました。メルトダウンのリスクを認め、ちゃんと考え直そうと発言することこそが、ムラの住人にとってはKYな振る舞いだったのです。

そして事故が起きてしまっても、誰も責任をとりません。東京電力からも、所轄官庁だった経済産業省からもいまだ逮捕・起訴された人はいません。深刻な放射能汚染を引き起こし、その影響で自殺に追いこまれる人も出ていますが、誰一人刑事責任は問われていないのです。そればかりか、再稼働しよう、原子炉を輸出しようという動きさえあります。絵空事としか言いようのない核燃料サイクル事業さえ、これまで投じてきた数兆円もの税金や電気料金のコストを反省することなく、再び動かそうとしています。あたかも何事もなかったかのごとく、元通り進めようとしているのです。東京オリンピックの二〇二〇年開催が決まりましたが、本当にいま日本が取り組むべきことなのか、私は疑問に思っています。

丸山眞男にとって日本が戦争をしてしまった原因を見出すことは、戦争で死んでいった友人や同世代の膨大な人びとのための弔い合戦でした。自分を殺そうとし、多くの仲間を実際に殺した人食いマシンの正体を暴いてやろうとしたのです。そこで見つけ出された「無責任の体系」が、いまの日本にもそのまま当てはまる。丸山の見出した人食いマシンはいま私たちの目の前にもあるのだ、と気がついて、私は衝撃を受けたのです。その衝撃が『永続敗戦論』を書く原動力となりました。

三つの領土問題は敗戦処理の問題

戦後日本の政治体制の本質は、ひと言で言うならば敗戦を否認することです。そして敗戦の否認は、かえってダラダラと負け続けている状態を永続化させています。これを私は「永続敗戦」と名付けました。誰もが第二次大戦で日本が敗れたことを知らないわけではありません。しかし敗戦を真正面から認めていると言えるのか、負けたことの意味を理解しているのか、具体的に見ていきましょう。

たとえば領土問題にこの問題は表れます。日本は現在、韓国との間の竹島問題、中国との間の尖閣《せんかく》諸島問題、ロシアとの間の北方領土問題と、三つの領土問題を抱えています。日本国政府は、これらすべてが日本固有の領土である、よって相手方の主張は間違っているという態度を取っています。このことには、第三者的に見ても疑いなく正当であるとは言いがたい部分があります。とりわけ、北方領土問題における日本の主張にはかなり無理があります。

しかし多くの国民はそのことを知りません。なぜなら政府が教えていないからです。国家の領土を定めるのは最終的には暴力、つまりは戦争です。歴史的に最も近い暴力、すなわち第二次大戦の帰趨《きすう》によって、いまの日本の領土は定められています。つまり、三つの領土問題はすべて敗戦処理の問題なのです。ところが日本政府は、この負けを曖昧にすることをずっと続けてきました。領土問題の本質を突き詰めれば必ず、敗戦の事実に目を向けざるを得なくなります。それをずっと避けてきたのです。隣国に対する好

図1　玉音放送を聞く人びと

図2　降伏文書への調印

戦的な世論も、負けを曖昧化することから出てきていると考えてよいと思います。

日本政府は戦争が終わった瞬間から、敗戦を曖昧化するプロジェクトを始めました。二枚の写真を見てください「図1・2」。ひとつは一九四五年八月十五日、人びとが玉音放送を聞いているところです。もうひとつは、降伏文書に当時の重光外務大臣が戦艦ミズーリ号上で調印するシーンです。こちらが九月二日の出来事であることを、みなさんご存知でしょうか。正式な意味での戦争の終結はこの日です。八月十五日は戦争に負けたことを天皇が国民に対して告げただけであり、国際的には何の意味もありません。しかし国民の間で、圧倒的に有名なのは八月十五日です。

二枚の写真はとても対照的です。どちらも戦争に負けた瞬間を切り取っていますが、玉音放送の写真には日本人しか写っていません。ラジオから流れているのも天皇の声です。日本人を打ち負かした相手はどこにも現れていません。他方、ミズーリ号上の写真には戦争に負けるという屈辱がいかなるものか、一目瞭然に示されています。重光外務大臣に対している米軍側の事務官のむこうには、アメリカの水兵たちが鈴なりになってこの光景を眺めています。彼らから見れば、ついに負けを認めやがったなという気持ちでしょう。

玉音放送で何が言われているのか知っていますか。「堪え難きを堪え、忍び難きを忍び」というフレーズが有名ですが、天皇の言葉の中に敗北や敗戦、降伏といった、はっきりと負けをイメージさせる言葉は全く含まれていません。当時の人は雰囲気で、きっとそういうことなのだろうな、と理解したのです。この原稿を書いた人は、負けたという事実を即座に理解させる言葉を、用意周到に避けました。ここから「敗戦」の「終戦」へのすり替えが始まっています。八月十五日がいま現在も多くの場合「終戦記念日」と呼ばれ、「敗戦記念日」とは呼ばれていないのもその効果でしょう。しかし戦争が自然に終わるわけがありません。本当は、負けを認めることで終結したのです。しかし敗戦を終戦と言い換えることで、敗北の責任が曖昧になります。最終的には、いわば戦争が自然災害化するのです。大量の人間が死んだけれども、基本的にはしょうがない、運が悪かったんだというわけです。

敗戦を終戦とすり替え、玉音放送の写真で戦争を記憶してきたことで日本人は、何に敗れたのかを意識の外に追い出してしまいました。アメリカに負けたことはさすがにある程度は認識されています。では私たちは中国にも負けたという事実をどこまで意識しているでしょうか。二枚の写真のどちらにも、中国は出てきません。

最終的に敗戦の否認を完成させたのは、高度成長と経済大国化でした。一九八〇年代にはジャパン・アズ・ナンバーワンという言い方がありました。この時代に至って、日本国民の生活水準は中国や当時のソ連を越え、戦勝国よりも豊かな生活を手に入れました。この時代に、敗戦はいわば帳消しになってしまったのです。

敗戦の否認は日本だけで行ったのではなかった

なぜこんなにも見事に敗戦は否認されてしまったのか。それはこの体制は日米合作だったからです。アメリカは戦後、占領軍として日本に駐留し、占領改革を行い日本を再出発させようとします。狙《ねら》いのひとつに、冷戦構造の中で西側のアメリカ陣営に日本を留《とど》めておくことがありました。日本の工業力が東側陣営に取られると困るからです。そしてもうひとつの狙いは、二度とアメリカに歯向かってこない国にすることでした。

日本をどうしてゆくのか、アメリカには非常に難しいハンドリングが求められました。日本を統治させるべき人物を選ぶ際、アメリカには選択肢は余りありませんでした。保守の政治指導者や経済界の指導者たちは、戦争中には積極的に戦争を推進した人物ばかりです。戦争責任を問うならばほぼ全員が責められるべきことになってしまいます。かといって戦中を牢獄《ろうごく》で過ごした共産主義者たちに統治させることは、アメリカにとっては論外です。しかたなく、アメリカは旧支配勢力を日本統治に利用することにします。その代表例である岸信介は戦後首相になりますし、読売新聞を今日のような大きな組織にした正力松太郎なども権力の座に復帰してきます。この方針を正当化するものこそ、敗戦を否認するロジックでした。日本が戦争に負けていないのだとすれば、そもそも戦争責任を問う必要がなくなるのです。

アメリカの方針である敗戦の曖昧化を可能にした条件としては、次の二つが挙げられるでしょう。ひとつ目は、賠償が寛大であったことです。より巨額の賠償を請求されていたら国民の悲惨な生活はもっと永く続き、敗戦の惨めさをより過酷に味わうことになったはずでした。ところが、そうはならなかったばかりか、朝鮮戦争による特需で経済復興の足がかりを得ることもできた。

それから議会制民主主義らしき体裁を持ちえたこともこの方針を可能にしました。他の国々と比較するとよくわかります。たとえば韓国や台湾では、戦後、親米国家としてスタートしますが、支配体制はずっと独裁でした。反対者に対して極めて厳しい態度で臨む強権的な独裁です。民主主義化が進むのは、やっと冷戦構造から解放された八〇年代、九〇年代になってからです。これらの冷戦の最前線にあった国々と比較すると、いかに日本がゆるい状態に置かれていたのかわかります。

ただし例外があります。それは米軍の基地が置かれることで冷戦の最前線に位置づけられてしまった沖縄です。沖縄は七〇年代までアメリカが直接統治し、どれほど住民たちが嫌だといっても、いまだに米軍基地があり続けています。過去にやったことの結果を、私たちは沖縄に押しつけたままなのです。

私たちの振る舞いはねじれてしまった

沖縄には、実行されるはずだった本土決戦も押しつけたと言えます。仮に本土決戦を実行したならば、東京大空襲や原爆よりももっと酷い経験を強いられたに違いありません。実際には本土決戦は国体護持のために回避されます。国体護持というのも、考えてみれば異様なことです。たとえばドイツではナチスドイツが敗れたあと、ナチズムは根底から否定されました。いまでもナチズムの賛美はそれ自体が犯罪です。日本の国体護持の成功は、いわばナチスがそのまま体制として存続するようなものです。本当はそんなことはあってていいはずがない。しかし戦後の日本の政治家は、国体護持に成功したというような発言を続けています。これも敗戦の否認なのです。

しかし、いくらうまく敗戦を否認しても、実際に負けたことは決して否定できません。ですから、たとえ外見的に国体を護持しているように見えても、中身は大きく変わっています。それは戦後日本の振る舞いの二面性に結びつきます。二面性とは、対米従属と

図3　ブッシュ小泉会談（2006年）
写真提供：共同通信社

アジア諸国への高姿勢です。

対米従属を象徴的に示す写真があります［図3］。ブッシュ大統領の前で本当にうれしそうにしているのは、当時の小泉首相です。私はこの媚《こび》を売っている光景を見ていて心底情けなくなりました。アメリカと対決せよと言いたいのではありません。独立した立場で振る舞って欲しいのです。しかし日本の政治家は残念ながら、アメリカに頭が上がらないのです。彼ら戦後の保守政治家はアメリカの助けで戦争責任を誤魔化してもらうことによって権力の座に留まり続けた人たちの末裔《まつえい》なのですから、それも当たり前です。これが戦勝国アメリカに頭を下げ続ける、すなわち負け続ける姿だとすると、敗戦の否認はアジア諸国に対して向けられます。

たいへん無神経と言わざるを得ない写真があります［図4］。七三一部隊を嫌でも連想させる数字の入った訓練機に乗り、微笑《ほほえ》んでいます。この写真の無神経さはどうでしょうか。日本の政治家のアジア諸国に対する失言、高姿勢は、つまりは俺たちは負けたとは思っていないという態度の表れです。

図4　安倍首相の自衛隊松島基地視察（2013年）写真提供：共同通信社

この二面性は、お互いに強化しあう構造になっています。アメリカの一の子分であるからこそアジアで偉そうにできますが、偉そうにすれば嫌われる。嫌われても構わないと威圧的に思い続けるためには、後ろ盾であるアメリカにずっと機嫌よくしていてもらう必要がある。するとますます従属姿勢は強まる、というわけです。

本気で敗戦を否認したいのならば、やるべきことはひとつしかありません。それはもう一回戦争をして勝つことです。サンフランシスコ講和条約を否定し、東京裁判とポツダム宣言受諾を否定するためには、アメリカ・イギリス・中国・ロシア・オーストラリアなどと再び開戦し勝たねばならない。もちろん、こんな行動は空想的ですから、あれは侵略戦争ではなかった等々と発言する政治家はいますが、もう一度戦争をしようと本気で言う人はいません。それが言えないので観念的な理屈をこね回しているだけです。

かつて東アジアでは、そのような日本に文句をつける国々はありませんでした。日本の国力が突出していたからです。日本に文句をいうよりも、さまざまな援助の形で実質的な賠償金をもらう方が優先されてきたのです。ところがいまは状況が変わりました。冷戦構造は消滅し、中国が台頭したことで日本の国力も相対化されてきました。いまや永続敗戦のレジームを維持することは不可能なのです。

積極的平和主義とは戦争を辞さないこと

安倍首相の言う「戦後レジームからの脱却」はスローガンそのものは誤りではありません。いまや戦後体制は限界に来ています。しかしどうも安倍さんの戦後レジーム理解は根本的に間違っているようです。

安倍首相の政策はアベノミクスで知られるとおり、経済成長を回復することに力を入れています。その姿勢は、ＧＤＰを増やすためだったらどんなに不幸になっても良いというくらい倒錯的です。ＧＤＰの伸びが人間の幸福や本当の豊かさに直接つながらないことはもう明らかなはずなのに、まだその思考回路から抜け出せていません。これも、経済成長によって敗戦を帳消しにすることができた体験に固執しているのです。

また、異様なまでの軍事への傾斜が見られます。積極的平和主義という言葉の意味するところは、要するに戦争を辞さないことです。解釈改憲、特定秘密保護法の制定もすべてこの動きとつながっています。自衛隊をアメリカ軍の補助戦力として使ってもらうことを目指しています。軍事的プレゼンスを維持することが難しくなりつつあるアメリカをそうやって助け、アジアから手を引いてしまうのを何とか避けようと考えているのです。先ほど指摘したとおり、アジアでの孤立とアメリカへの従属は循環構造がありますから、歴史修正主義的な言動や靖国《やすくに》参拝によって日中・日韓関係が悪化することも辞さない姿勢も、こうしたアメリカへの追従とセットになっているとわかるでしょう。

ここで靖国参拝問題について、私の考えを述べておきます。倫理的な観点、生命観が云々という点にはいまは踏み込みません。政治的な次元でのみ述べます。よく日本人には日本人なりの死者への弔い方がある、だから外国からとやかく言われる筋合いはないという主張があります。それはナンセンスです。もちろんそれぞれの民族や国民には独自の死生観、弔い方、祖先への礼の示し方があるのは事実でしょう。しかし靖国問題の本質は、戦争犯罪人の合祀《ごうし》です。戦争犯罪人の霊があるとされるところへ行き、参拝することは、どうしても東京裁判が気に入らないと受けとめられます。もちろん東京裁判に問題はないのかという視点はありうるでしょう。しかし政治の次元ではそんなことを言っても始まりません。本気でそれを否認するのならば、もう一度戦争をして歴史をやり直すしかありません。

さて、日本における歴史修正主義の本質は何か。端的にいえばそれは大東亜戦争の侵略性を認めないことです。従軍慰安婦問題や南京事件の問題など、論点はいろいろありますが、最も大枠の問題は侵略戦争であったことを認めるかどうかです。たしかに侵略戦争と自衛のための戦争の線引きは困難です。日本に対する侵略戦争であるとの認定に対しても、一方的だという不満は昔からあります。しかし政治的には決して難しい問題ではありません。政治的に言えば、侵略戦争か否かを決めるのは要するに勝ち負けです。そして常に負けた側が悪かったとされるのです。つまり侵略戦争を認めないという日本の歴史修正主義は、敗戦の否認なのです。

こうして安倍首相のやっていることは実は「戦後レジームからの脱却」とは正反対です。必死に永続敗戦のレジームを存続させようとしているのです。世界情勢をみれば、これはいずれ限界に達するだろうと私は思っています。

政治の世界に正義はない

私の主張にいろいろ納得できないこともあるかもしれない。たとえば、日本が負けたからといって侵略戦争だとされるのは堪え難い、理不尽だ、その点を正す歴史修正主義にも一理あるんだと思う人もいるでしょう。しかし倫理や正義と政治とは分けて考えなければなりません。

政治の世界には本当の意味での正義などというものはない、と気づくことができるのは、私たちが敗戦を経験しているからです。アメリカはほとんどの戦争に勝ち続けてきました。ベトナム戦争という例外がありますが、本土が戦火に覆われたわけではありません。その結果、アメリカは政治における正義と本来的な正義とが一致するのだという幼児的世界観から脱却できていないのです。いまほど歴史に学ぶことが重要になっている時代はありません。敗戦の否認という愚かな思考が、敗戦から学ぶことを邪魔しています。しかし、みなさんにはぜひ歴史を学ぶことによって、いま起きていることの本質をつかみ、歴史が生きていることを知っていただきたいと思います。

（この授業は二〇一四年六月一四日に行われた）

◎若い人たちへの読書案内

永い間「平和と繁栄」という言葉で形容されてきた「戦後日本」ですが、そうした自画像の見直しを迫られています。歴史意識の更新を通じて、私たちは、今後の進む道を見出《みいだ》さなければなりません。

そのためにまずは、基礎的な知識が必要です。そこで**福井紳一氏**による**『戦後日本史』（講談社＋α文庫、二〇一五年）**を挙げます。福井氏は、近現代日本史の研究者であると同時に、長年にわたって駿台《すんだい》予備校の看板講師として活躍されてきました。本書には、福井氏の情熱溢《あふ》れる講義のエッセンスが詰め込まれており、戦後について考えるための出発点を与えてくれるでしょう。

次に、**矢部宏治氏**による**『知ってはいけない――隠された日本支配の構造』（講談社現代新書、二〇一七年）**を挙げます。タイトルの「知ってはいけない」はもちろん反語で、本書は全編「知らなきゃいけない」ことで埋め尽くされています。

ここで言う「日本支配」とは、戦後の日米関係、より詳しく言えば、どういうかたちでアメリカが日本をコントロールしてきたかということを指します。矢部氏はもともと美術系の編集者で、政治に関して際立って関心があったわけではなく、戦後日本の平和主義を素朴に支持する人であったと自ら明かしています。つまり、標準的な戦後日本人の政治意識と価値観を持った人だったと言えるでしょう。そんな彼が、「どうやら何かすごくおかしなことがある」と気づかされたきっかけが、沖縄の米軍基地問題にかかわったことでした。沖縄で米軍関連の事件や事故が繰り返される事情の根源を探っていくと、支配の事実が見えないようになっている支配、支配される側（日本）が自発的に身を委ねている支配というような、複雑な状況が見えてきたのでした。矢部氏の記述はすべて公開情報に依拠しており、「私だけがその正体を知っている秘密の組織が日本を裏から支配している」といった類《たぐい》の妄想的な陰謀論とは全く異なります。なぜ、こんなおかしな従属のかたちを戦後日本はつくってしまったのだろう、という深刻な疑問に読者は直面することになるでしょう。

最後に、戦後日本の複雑さを考える上で有益な読み物として、**『田中清玄自伝』（ちくま文庫、二〇〇八年）**を挙げておきます。田中清玄は、戦前には日本共産党の激烈な闘士であり、獄中で転向、戦後にはフィクサーの一人、右翼活動家、石油利権屋などと言われてきました。しかし、これらのレッテルによっては、この人物を到底理解することはできません。

本書によって明らかになる、田中の度外れた行動力、経験した苦悩の深さには圧倒されます。そして、英雄は英雄を知るというべきか、その交友関係は、山口組を大組織に育て上げた田岡一雄やノーベル経済学賞受賞のフリードリヒ・ハイエクにまで及ぶことが明かされます。本書を読むことで、「こういう人がいたのか」ということに新鮮な驚きを感じて欲しいし、歴史や社会とは「右翼」とか「左翼」といった単純な記号では到底理解できない複雑なものであることを、感得して欲しいと思います。

グローバリゼーションの中の江戸時代

田中優子

たなか・ゆうこ

一九五二年神奈川県生まれ。江戸文化研究者、エッセイスト。法政大学教授を経て、二〇一四年同大学総長就任。二〇〇〇年『江戸百夢』でサントリー学芸賞、芸術選奨文部科学大臣賞受賞。二〇〇五年、紫綬《しじゅ》褒章受勲。著書に『江戸の想像力』『カムイ伝講義』『未来のための江戸学』『布のちから』『江戸を歩く』『江戸はネットワーク』『グローバリゼーションの中の江戸』など。

みなさんは、「江戸時代は鎖国をしていた」と教科書で習いましたね。そこには〝いわゆる鎖国〟と書かれていたはずです。江戸時代には、実際はたくさんの外国文化が流れ込んでいることが最近の研究でわかってきたからです。もしかすると、今後は「鎖国」という言葉じたいが歴史の教科書からすがたを消すかもしれません。そもそも江戸時代には「鎖国」という言葉も「鎖国令」という法令も存在せず、後の時代の人が付けたものなのです。

さあ、そこで今日は「グローバリゼーションの中の江戸時代」というテーマでお話ししていきたいと思います。

グローバリゼーションの良い面と困った面

グローバリゼーションとはいったい何でしょうか。おおざっぱに言うと「社会や経済が国も地域も超えて地球規模でつながり、その結果個々の国や地域や民族や人びとの生活に大きな変化を引き起こすこと」です。こう聞くとすばらしいことのように思えますが、グローバリゼーションには「良い面」と「困った面」があります。私たちはその二つの面をきちんと理解しなければなりません。「困った面」はなんでしょう？　グローバル企業が儲《もう》かる背景には、不幸な人が存在することです。たとえば、明治維新は日本の歴史における大きなグローバル化のひとつでした。外国の産業や文化が入ってきたことで、人びとは「欧米の文化こそがすぐれた文化だ」と信じるようになり、英語を理解できない人や西欧文化を知らない人は落ちこぼれと馬鹿にされました。戦後にも日本に大きなグローバリゼーションが起こります。アメリカの莫大《ばくだい》な好景気を目《ま》の当たりにし「お金を持っている人が偉い」と考えるようになったのです。一九六〇年代の日本には、農作物を作って売ることできちんとした生活を営む農家がやまほどいましたが、彼らが「現金を持てばもっと幸せになれるのではないか」と錯覚し、田を捨て、都会に出て企業で働きはじめます。しかし会社には「倒産」があり、都会の家賃は高く、どんどんお金がなくなる……。

実はこのことは、いま東南アジア各地で起きていることです。グローバリゼーションにおいては、「この文化が一番いい」という決めつけがいったん地球を覆うと、それまでじゅうぶん豊かに暮らしていた多様な文化圏の人たちが「自分は不幸だ」と思いこむ困った現象が起きるのです。

では「良い面」はなんでしょう？　世界中の組織や個人が発信している情報をだれもが獲得できるようになったことです。見知らぬ地域で起きている環境問題や紛争問題に関心を持ってみたり、協力できるようになった。そこで重要なのが「英語」です。みなさん英語ができるとなぜ良いかわかりますか。学校ではよい成績がもらえるという特典が付きますが、それとは別に、日本語のインターネットではなかなか手に入らない地球の裏側の情報を得られるようになります。たとえば「ムーク」という公開オンライン講座では、世界のトップレベルの大学の講義を無料で聴くことができますが、まずは英語を理解できないとダメなのです。みなさん英語の勉強をぜひがんばってください！

江戸時代はどのようにして誕生したのか

さて、今日は江戸時代とグローバリゼーションの話がテーマでした。

みなさん、大航海時代という言葉は聞いたことがありますね。一四九二年、コロンブスの航海船はウォトリング島に到着しました。ところがコロンブスは「ともかくジパングに行きたい」と言ったのです。なぜ日本を探していたのでしょう。そうです、マルコ・ポーロが十三世紀後半に世界を冒険したとき、「日本は黄金の国」と、中国で聞いていたからです。

古代・中世の日本はたしかに砂金と銀が非常に豊富でした。アジアでもまれな鉱物資源国です。大量に採れる銀を何に使っていたのか？　外国製品を買っていたのです。たとえば中国の生糸・絹織物、陶磁器や生薬や、インドの世界一高い品質の木綿などです。ところがスペイン人も、侵略したアメリカ大陸でインディオたちを使役して獲得した銀で、中国のものを買っていました。しかも日本よりもアメリカ大陸の方が銀の産出量が多かったのです。とうぜん、より多く銀を支払う人に商品が渡ります。しだいに日本の銀も枯渇してゆき、外国のものを買う力は落ちてゆきます。これを「国際競争力に負ける」と言います。

「購買力」が弱くなり、窮地に立った日本が経済的復興をもとめて実行に移したのは、海外侵略戦争でした。豊臣《とよとみ》秀吉の命令で、日本人たちは朝鮮半島の釜山《ぷさん》を攻略し、北上して平壌《ぴょんやん》まで行きました。さらに北京《ぺきん》を抑え、皇帝を追い出して天皇を立てることで中国はすべて日本のものになる、という無理な構想を打ち立てました。さらに寧波《ねいは》から南下してフィリピンやインドまですべて手に入ると考えたのです。当然のことながら秀吉の軍隊は敗北し、家康による新しい時代が打ち立てられました。

どん底の日本は真剣に国の立て直しを考えるべきときが来ました。そこでまず早急に朝鮮国との国交回復を目指しました。これが江戸時代の始まりです。つまり、経済的にも文化的にも世界を巻き込んだ背景から出現した江戸時代は、グローバリゼーションと分けて考えることはできないのです。

江戸は多様な人々のるつぼ

朝鮮の人々に日本と仲直りをしてもらう手はじめに、最初は朝鮮の馬上サーカス団を招待します。互いの関係をほぐすのはやはり娯楽です。日本の人々の気持ちを柔らかくしてゆき、ついには朝鮮通信使という制度を作ります。朝鮮通信使のようすを北斎など多くの浮世絵師が描いています。

琉球《りゅうきゅう》国からも使節が来ました［図1］。当時、沖縄は「琉球国」といい、独自の統治

図1　琉球人来朝乃図（部分）［国立国会図書館蔵］

体制をもつ独立国でした。明治維新後、日本政府によって「琉球処分」と呼ばれる植民地政策がとられ、日本国にさせられました。戦後はアメリカの統治下に入り、一九七二年に日本に復帰しましたが、もともと外国だったのに「復帰」というのはなぜでしょうね。

アイヌの人たちとも外交関係を結んでいました。アイヌの人々は国家を作ってはいませんでしたが、北海道にはたくさんの村があり、それらが地域ごとにまとまって大きな自治体を作っていました。

ヨーロッパ人も日本に来るようになります［図2］。江戸に長崎屋という大きな宿屋があり、ここにオランダ東インド会社の船に乗ってくるオランダ人、ドイツ人、スウェーデン人、ノルウェー人などが居留していました。多くの日本人が「オランダ人ってどんな格好なんだろう?」などとホテルをのぞきに行きます。江戸時代は、庶民がたくさんの外国人を目にするようになった時代なのです。

地方からもたくさんのお侍が江戸に来ました。参勤交代制度です。江戸時代には現在の北海道から九州まで二七〇ほどの藩があり、経済も法律もちがう自治体でした。こうした自治体の集まりが日本という国だったのです。地方の武士は公儀のため江戸に入りますから、たいへんな数の人たちが江戸を目指して大移動します。大名行列をなし、街道で宿泊をしながら向かいます。その沿道でお金を使います。すると経済が潤います。さらに、次々と江戸に大名屋敷が作られました。二年間住みこみ、役目が終わればまた次の人が入りますから、お金の循環が非常に激しい。

図２　北斎『画本東都遊《えほんあずまあそび》』に見える長崎屋
［国立国会図書館蔵］

このように江戸の人口は膨れ上がり、江戸時代中期には世界中で最も人口の多い都市になりました。

外国製品に学んで国産品をつくる

江戸時代にはたくさんの輸入品が入ってくる

ようになります。

取引相手のオランダ人が乗ってきたのは、オランダ東インド会社という会社の船。世界ではじめての株式会社です。商売がうまくいき、日本に支店を持ちました。インドネシアにも本拠地を持ちアジア全域を網羅した、当時のグローバル企業です。インドや中国の商品を船に積み、各国を廻《まわ》りながら売る。まさしく商社です。インド、インドネシア、中国、日本などの製品を船に積んで帰ると、株式会社ですから株主に配当が行くという仕組みです。

当時日本に入ってくる物品の九〇％は中国のものでした。しかしその割合はどんどん減ります。なぜでしょう？　日本人は、自ら技術国をつくろうとしていたからです。さまざまな外国の製品をサンプルとして輸入し、研究して自分たち流に創りなおします。しだいに膨大な数の職人が生まれ、日本は世界有数の職人大国になったのです。多くは農村の女性で、とても質の高い和紙や織物を生産し、江戸でびっくりするくらい高く売られました。

一八四〇年代の国産織物を描いた浮世絵からは、当時の生活感がうかがえます［図

3］。女の人の着ている着物の模様は、「宝尽くし」という中国から入ってきた模様です。磁器も見えますね。日本人は漆器と陶器を使うことが多く、高い温度で焼いた硬質の磁器は、主に輸出用に作っていました。しかしこの頃、瀬戸でも磁器を作りはじめ、それが江戸で広まるようになります。この浮世絵には、たくさんの外国製品が国産化されている様子が詰まっています。子どもが見つめているのは、国産化された砂糖のお菓子です。後ろに見えるのは「かすり縞《しま》」の布です。

みなさん、しま模様の服を持っていますか。江戸時代には「縞もよう」は「島もよう」と書いていました。インド・東南アジアから入ってきた生地に縦のストライプ柄が圧倒的に多かったため、それを「島もの」と呼んだことからきています。たてじま模様を「島もよう」、それまで日本にあったよこじま模様を「すじ」と呼びわけていました。一七六五年ごろの浮世絵にはたてじま模様が大量に見られます［図4］。当時の大流行ファッションだっ

図3　歌川国貞「誂織当世島 金花糖」［静嘉堂文庫蔵］

図４　鈴木春信「風俗四季歌仙・水無月」
［慶應義塾大学図書館蔵］

たでしょうね。

さて、江戸時代には木綿が日本で盛んに作られるようになります。木綿の技術は朝鮮、中国、インドから入ってきました。綿花を栽培し、摘み、「綿繰り機」で綿と種を分けます。実は綿繰り機は日本で発明されたもので、綿花を中に挟み、手回しハンドルを廻すと種が落ちるというたいへん画期的な発明品です。私は以前ラオスに行ったとき、江戸時代に使われていた綿繰り機が一般家庭で使われているのを見て驚いたのを覚えています。綿繰りを描いた浮世絵の人物の足下を見ると種がたくさん落ちています。集めてぎゅっとしぼると油になり照明器具の行燈《あんどん》に使います。さらに油を絞った残りかすは畑の肥料になります。捨てるものはひとつもなく、完全に循環していました。こうして木綿の技術もあっという間に国産化してしまいます。

日本人は好奇心旺盛です。安土《あづち》桃山時代には「ヨーロッパ風の陣羽織をはおってみたい」と水玉模様の陣羽織を作る武将が出現したり、羽織の襟にフリルが付いたりと、なかなか奇抜な格好をしていたようです。徳川家に伝わるフリルも、面白いかたちをしています［図5］。鎧《よろい》の下には立て襟のシャツを着ていました。ちょうどこの頃ヨーロッパでズボンが広まり、日本にも入ってきましたから、江戸の男性はずいぶんいろいろな種類のズボンをはいていた記録もあります。おしなべて、男性の着物から西洋のおしゃれが取り入れられていったことがわかります。

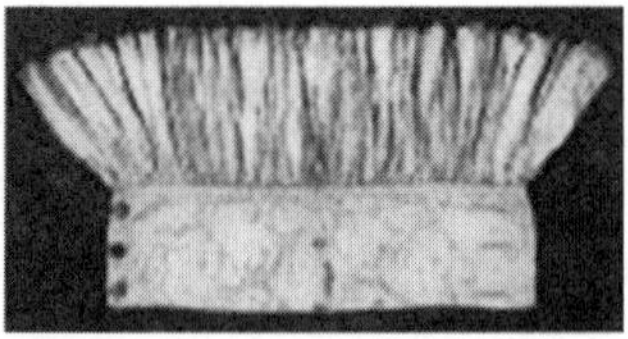

図5　伝徳川頼宣の白地雲文緞子《しろじうんもんどんす》襞衿《ひだえり》（紀州東照宮蔵）

日本人のものづくり

外国製品をそのままそっくり真似《まね》しただけではありません。鍋島藩では、日本人好みの形や色で、職人が磁器を作っていました。また、ヨーロッパから時計を仕入れ、和時計を完成させました。十六世紀中頃、ザビエルの時代にヨーロッパからアジア全域に時計が流れこみましたが、アジアで唯一日本だけが、日本流に時計を作り変えてしまったのです。

江戸時代は太陽が昇るときを「明け六つ」、太陽が沈むときを

「暮れ六つ」といい、その間を六つに区切り、そのひとつの区切りを一刻と数えました。ところが、夏は昼間が長く、冬は昼間が短くなりますよね。つまり季節によって一刻の長さがまちまちでした。ふつうだったら「時計というものは使いものにならない」となりますが「伸び縮みする毎日の生活に時計を合わせればいいんだ！」とひらめくのが日本人。季節ごとにおもりを調節し、時計を使いこなしていました。

日本人は時計によって、非常に複雑な歯車の技術を手にしました。この精巧な歯車を使って、茶汲《く》み人形のような、電源を使わないロボットを発明しています。また、木製の歯車を組み合わせることで、舞台装置も発明しました。現在でも歌舞伎《かぶき》で使われている回り舞台、せり出しなどは、すべて江戸時代に作られた世界初の舞台装置です。

それから活字です。出版業も江戸時代に生まれました。もともとは中国で発明された活字が朝鮮半島に渡り発達したものを、徳川家康が日本へ導入したところから始まります。銅活字を導入し、日本化して木活字で印刷した教科書類ができます。使用したのは武士の子どもたちです。すると、民間の出版社もぜひ活字で本を作ってみたいと思うようになる。活字は一文字ずつ組んで使いますね。当時は組む技術の関係であまり多くの本は作れないということがわかり、そのうち一ページぶんの版を彫る印刷が主流になっていきます。こうして、活字をきっかけに日本には本があふれるようになりました。明治期に今度はヨーロッパ式の活字が入って来て、現在に続くことになります。なんと日本には活字が二度入ってきていたのです。

また、当時の浮世絵のカラー印刷はとりわけ、世界でも有数の技術でした。カラー印刷本がさかんになると、本の装幀《そうてい》に凝るようになりました。上下巻買うと表紙が一枚の絵になるとか、カラーの口絵を入れたりしました。浮世絵師たちは、本の挿絵《さしえ》も盛んに描きました。恋川春町《こいかわはるまち》は現役武士でありながら、「黄表紙」といういまでいうSF漫画のような娯楽本を書き、また絵も描いた人です。春町の『無益委記《むだいき》』では日本の未来が予想されていて「いつか高齢者が元気に遊ぶ社会がきて、若者は家の中にひきこもって書見台で本を読んでばかりいるだろう。男性のファッションが奇抜になっているだろう、女性が経済力を握るだろう」などと予想しています。これは、根拠のないデタラメではなく「都市化現象」のあらわれなんですね。都心部においては高齢者が遊び、若者のやる気がなく、女性が、都市で消費されるものの生産に従事するので、経済力を持つ、と。

どうやってグローバルになればいい？

日本の技術力は「どうすれば教わったものを自分の中で消化し、生まれ変わらせることができるか？」ということに集中してきました。技術や考え方をすべて人に頼るのでなく、自分のものにしていく。これこそが本当の個性だと思います。国や産業のあり方も同じです。そうやって独自の文化を生み出してこそ、次の時代の多様性につながります。たったひとつの価値観しかない社会では、その価値観が崩れた瞬間にぜんぶが倒れてしまいますから、生物多様性と同じように、文化や技術の多様性が必要です。「持続可能な社会」を作っていくことを、みなさんに今後お願いしたいと思います。

今日のお話は、美術も、社会学も、経済も関連しあっていました。こうやって総合的に学ぶことはとっても楽しいことだと思います。どういうところに所属し、どんな能力を発揮できるのか、そんなことをみなさんぜひ考えてみてください。

最後に、江戸時代の勉強はやればやるほど面白い。二七〇年間続いた江戸時代には日記やエッセイ、小説など膨大な書物が残っているにもかかわらず、まだまだ謎が多い時代です。この謎にも、ぜひ挑戦してみてください。

（この授業は二〇一四年五月一七日に行われた）

◎若い人たちへの読書案内

私が中高生だったのは五〇年も前のことなので、そのときに読んだ本が今は無い場合がある。たとえば筑摩現代日本文学全集だ。私はこの全集で、泉鏡花、幸田露伴、樋口《ひぐち》一葉、志賀直哉《なおや》、芥川《あくたがわ》龍之介、中島敦《あつし》そして、明治大正時代の詩集を読んだ。言葉のひとつひとつが、心に刻みつけられていった。今は『**ちくま日本文学**』でこれらの作家をひとりずつ読むことができる。

今から考えると小中学生が読むような本ではなかったが、私は小学生のころから**志賀直哉**の言葉が好きで、中学になると短編だけでなく『**暗夜行路**』も読んだ。最後、主人公の謙作が大山に登った時の風景は、今でも目の奥に見えるような気がする。

高校生の時、「ことば」の快楽へのこだわりをもって、**西郷信綱・永積安明・広末保**『**日本文学の古典**』(**岩波新書**)を読んだ時には、古代文学のすごさを知った。日本文学科に進学したのは、このような読書の日常からだった。評論として書かれたものだが、古典の言葉に密着した書き方によって、原典の言葉から伝わってくる力に惹《ひ》かれた。この経験から、私は古典を現代語訳で読むことに今でもあまり賛成できない。意味を知ることは重要だが、古代、中世、近世のそれぞれの言葉はその時代の人々の生命そのものの息吹がある。残念ながら、この本も今は古本でしか手に入らない。

同時に、中学生のころに読んだ**マーガレット・ミッチェル**『**風と共に去りぬ**』も忘れられない。映画とは異なり、本の中には南北戦争下の白人社会の変化や黒人奴隷との生活、奴隷解放の時の混乱などが生々しく描かれていた。南部白人の視点からのみ描かれた作品として偏見があるとされているが、日本の中学生にとっては「異なる世界の体験」として迫力あるものだった。同様に全く異なる世界がこの世にあると実感したのが、**エミリー・ブロンテ**『**嵐が丘**』である。この暗い風の吹きすさぶイギリス世界も、やはりこの世そのものの苦悩の生々しさが感じられた。これらは翻訳なので、原典の言葉の迫力は伝わらなかったのだと思うが、それは仕方ない。

しかし対訳や、部分的に原語を記載してあるもので読むのも面白い。『**不思議の国のアリス**』の英語まじりの本が学校の図書室にあって、これは面白かった。地口（洒落《しゃれ》）が多いので、翻訳ではその遊びがわからないからだ。そういえば『**不思議の国のトムキンス**』という本も忘れられない。こちらは**ジョージ・ガモフ**が書いた相対性原理を体験として説明した一種のSFである。中学生のころは宇宙や星の本が好きで様々読んでいたが、その中でも忘れられない本だ。自転車で走ると平らになってしまうなど、宇宙空間で起こることを体験として書いている。想像力をこよなく刺激された。

兄の本棚の中から、**クロード・レヴィ＝ストロース**の『**悲しき熱帯**』を引き抜いて読んだ時にも、眼の前に新しい世界が開けた。これはブラジルの少数民族の世界を書いた本だ。大学に入ったあと構造主義にはまりこんだ一因となっている。

　このように思いだして見ると、私にとって本とは、「未知の世界の体験」であり、その中では想像力の羽を自由にのびのびと開くことができたのである。

歴史の見方・考え方

——「産業革命」を通して学んでみよう

福井憲彦

ふくい・のりひこ
一九四六年東京都生まれ。一九七〇年東京大学文学部西洋史学科卒業。一九七四～七六年フランス政府給費留学生としてパリ第一大学に留学。七七年東京大学大学院人文科学研究科（西洋史学）博士課程中退ののち、東京大学文学部助手、東京経済大学経済学部助教授、学習院大学文学部史学科教授、二〇〇七年から学習院大学学長を歴任し、現在同大学名誉教授、獨協大学外国語学部特任教授。『ヨーロッパ近代の社会史』『歴史学入門』『興亡の世界史13 近代ヨーロッパの覇権』のほか、著書多数。

産業革命を知っていますか

私は長年、歴史を勉強し大学でも教えてきました。そんな立場から、今日はみなさんに「歴史を学ぶ」とはどんなことか、話をしてみたいと思います。テーマは「産業革命」に設定してみました。それでは早速みなさんに聞いてみましょうか。

ふつう「産業革命」というと何を思い浮かべますか？

「蒸気機関」「動力を使った大工場」「工場での大量生産」（いずれも生徒の答え）

そうですね。いまアト・ランダムに指名して答えてもらったのですが、どの答えも産業革命の本質をとらえています。

産業革命は高校の世界史の教科書には必ず記載されています。だからすでに世界史を学んだ諸君は、今の答えに出てきたように、動力の変化、生産の変化、家内工業から機械を主力にする大工場への変化といったイメージをつかまえているはずです。

一般に高校の歴史教科書では産業革命は次のように記述されています。

「ものの生産が機械によっておこなわれる。その機械を動かす動力もまた、蒸気機関を用いて、自然力以外の力を人工的につくり出すことで供給し、そうして多くの機械を一カ所に集めて、一度に大量に、能率的にものを作り出していく、機械制の大工場が中心となる」

このまま丸暗記すれば、学校の授業では十分かも知れません。受験勉強にも対応できる。だがそれで、歴史を学んだことになるでしょうか。さっき「産業革命」に対してすぐに「蒸気機関」という言葉が出てきましたね。この両者の関係を歴史の流れの中でとらえてみてください。

石炭の火力を使い蒸気を発生させて、これを動力源にして機械を動かす、これは画期的な変化です。ではそれよりも前は何を動力源としていたのか？　水力・風力・人力などの自然力ですね。それが蒸気機関の発明、実用化によって蒸気の力に変わった。これは画期的なことですが、ある日突然変化が起こったのではなく、一八世紀半ばのイギリスから始まり、しだいにヨーロッパの国々に広がっていった変化なのです。

産業革命を推進した一つの要素は「動力の変化」です。教科書では産業革命だけに多くの行数を費やすことができませんから、どうしてもポイントだけの記述になってしまう。でも、そこだけ読んで産業革命がわかった！　と思うのは大間違いです。その前後に起こったさまざまな「変化」を読み取ることが大事です。

ところで、産業革命を英語で表現すると、Industrial Revolution ですね。いま私がちょっとこだわったのは、Revolution、「革命」ということです。むしろ「産業（工業）の連続的・複合的な大変化」とでも理解したほうが妥当ではないかとも思えますが、これらについては後にお話ししましょう。

産業革命を実現した八つの変化

お手元のレジュメには八つの「変化」が列挙してあります［図1］。産業革命はこれらの変化がたがいに結びつき、作用しあいながら実現した、というのが私の考え方です。

1. **技術の変化**：正確な機械を同一規格で生産する技術の確立（＋鉄の確保）
2. **生産の変化**：道具による生産から機械制の大工場での生産へ（＋原料確保）
3. **動力の変化**：人力や自然力でなく機械的に生産される動力へ（＋石炭確保）
4. **労働の変化**：手仕事 work から機械にあわせた労働 labor へ（＋労働力確保）
5. **資本の変化**：大量の資本の蓄積と確保
6. **消費の変化**：大量の機械生産品の大量消費へ（欲望の解放と市場拡大）
7. **流通の変化**：大量の原料や商品を運搬できる交通と販売網（輸送革命）
8. **居住の変化**：都市の拡大と「労働者の世界」の成立（都市型社会への変化）

＋α
- **食糧の確保**：先行した「農業革命」と食糧流通の変化（＋人口の増加）
- **政治の安定**：経済活動の持続的な基盤形成

図1　産業革命を実現した8つ＋αの変化

これからそのプロセスを説明していきたいと思います。

「動力の変化」についてはいまお話ししたとおりですが、動力の革新があったから、いっきに工場生産が始まったわけではありません。今だったら、新しく工場生産を始めるときには、同じ性能、同じ規格の機械が工場に据え付けられるのが当たり前だと思われるでしょうが、そもそも、ものをつくるための機械をどうやってつくるかが、当時の人たちが直面した大問題でした。あちらの機械とこちらの機械とが違っていたのでは、均質な製品はつくれない。つまり機械を正確につくる技術がないと、「機械化」は達成できない。これがレジュメに挙げている「技術の変化」です。

正確な機械を同一規格で生産するためには、それを可能にする技術を伴っていなければ、どんなに卓抜なアイデアがあったとしても実現できません。

さて、みなさんは正確な機械を同じ規格でどうやってつくるかについて考えたことがありますか？　おそらくないでしょうが、もし自分がその立場に立ったら、どこに手がかりを求めるか。そこを考えてみてください。

一つヒントを与えましょう。「金型《かながた》生産」という言葉を聞いたことがありますか？　これは機械をつくるための元になる型を生産することです。日本は以前から「金型生産」では世界に冠たる技術を持っていますが、これが職人芸なのです。現在ではコンピューターで設計しますが、最終的には金属を人が正確に削って機械の原型を仕上げます。これを元にして機械の工場生産が始まります。何千基単位で売れる機械でも最初の金型はたった一個です。

ところでみなさん時計を持っていますか。今は携帯電話やスマートフォンが普及したので、アナログ式の時計はあまり持たなくなったようですが、今日私は、話の持ち時間を見るために、ここに持ってきました。

さて時計ですが、最初は職人さんの手作りでした。部品作りから始まって、最初から最後まで職人が組み立てていた。だから大変高価で、個人用のものは、ヨーロッパでは王侯貴族などの愛蔵品で庶民には手が届かなかった。やがて一九世紀には工場生産で時計が量産される時代になりますが、ここで問われるのが、どの機械でも同じ品質の部品から同質の製品が製造できるか、です。工場に複数の機械を設置して生産を始めたとき、機械によって製造される製品が違っていたのでは、信用にかかわりますね。同一の規格をもった部品がすべて問題なく生産され、それらを組み合わせる工程が精密に問題なく一律に動かないと、同質の製品は作れません。

ヨーロッパでは、職人がひとりで時計を作り上げていた時代から工場で均質的に生産されるにいたるまでに数百年を要しています。

また、量産に耐える機械の多くは鉄製です。それ以前の機械の場合、たとえば機織《はたお》りを思い浮かべてもらえばよいのですが、機械はしばしば木製でした。最初は木製でもよいが、動力を使って大量生産するということになると、木製では耐久力が劣ります。そうなると金属、やっぱり鉄ですね。

鉄を大量に作り出さなければならない。イギリスでは蒸気機関が実用化したのと歩調を合わせるように製鉄技術が進歩しました。

鉄の原料は鉄鉱石ですが、たまたま鉄鉱石はこの時代のイギリスで多く産出した。また鉄鉱石を溶かす溶鉱炉に必要な石炭も、イギリスで多く産出するものだった。このような好条件の重なり合いが、イギリスがいち早く工業先進国となることを可能にした、と言えるでしょう。

こうした「技術の変化」の前提として見逃せないのが、ヨーロッパにおける「科学革命」です。一七世紀から一八世紀にかけて、ヨーロッパでは、ニュートンの万有引力の法則とか、ボイルの法則とか、学問上の原理原則が次々と発見され理論が確立します。こうした科学の進歩が、現実の変化と徐々に結びつき始めます。

『モダン・タイムス』に見る「労働の変化」

最初に見たように、人類は、風力・水力などの自然エネルギーあるいは人力を動力として利用してきましたが、しかし、風力は風が吹く場所、水力は水が流れる場所というように限定条件がある。もちろん人力にも限りがあります。これらに対して、機械によって動力源を確保する工場は動力が強く、生産も安定します。このような工場生産が進むにしたがって起こったのが「労働の変化」つまり働き方の変化です。

これをイメージするのに最適な映画を紹介しましょう。『モダン・タイムス』(Modern Times 一九三六年)は喜劇王チャップリン(Charles Spencer Chaplin, Jr.、一八八九―一九七七年)が監督・主演した音楽のみでセリフのないサイレント(無声)映画ですが、今観ても面白い。

この映画は、流れ作業の機械生産の中で人間がその流れに巻き込まれていく様子をコミカルな喜劇仕立てで描いたものです。チャップリンの動作がいつの間にか機械のリズムに同化してしまい、ついに歯車の中に巻き込まれてしまうという、笑うに笑えない場面もあります。

『モダン・タイムス』が今でも私たちに訴えかけるのは、規則的に時間通りに作動している機械に人間のほうが合わせなくてはならないという、近代的な工場労働に対する究極の風刺です。

同じものづくりでも職人の仕事はどうでしょうか。もちろん職人も時間の区切りに合わせて作業をしていますが、職人の仕事は一つのものをどこまでつくるかが自分の責任に任されていますから、極端に言えば「この段階まで仕上げるのには何時間かかってもやる」とか「ひと区切りついたところで休憩しよう」というように、自分が主体となって時間を管理している創造的な仕事です。この点、現在のアーティストに近い世界ともいえるでしょう。

このような職人が生産の中心であった時代には、時計の時間が基準ではありませんでした。どこの町や村にも時の鐘があって、これが社会生活の区切りを知らせていましたが、当時の人々の時間感覚といえば、夜明けが出発点で、日没がその日の区切りの点でした。よくみなさんは「今日の授業はとても長く感じられる」とか「先生の話が面白いから、とても短く感じられた」などと言いますね。これは時計の時間に合わせて心理的な時間感覚を表現しているのですが、昔の人は、これとは違う時間感覚を持っていました。「夏は日が長いから、仕事の段取りがゆっくりとれる」、「冬が近づいて日が短くなると、何となく気ぜわしい」というように、時間の流れが不均等だったのです。

ヨーロッパでは一八世紀後半から個別の場所に時計がしだいに普及しはじめ、それにともない工場労働も変化してきました。まず就業は何時、終業は何時というルールづくりから始まり、機械が生産性を最大限に発揮するためには、それを動かす労働者はどのように時間配分して働いたらよいのかまでが本気で考えられるようになっていきます。つまり人間が時計の時間に合わせるようになったのですが、その変化を最大限に促したのが工場労働でした。チャップリンが『モダン・タイムス』をつくったのは二〇世紀に入ってからで、機械労働に自分の時間を奪われた人間の究極の姿を強調して描きましたが、そこまでに至る変化は一八世紀後半から始まりつつあったのです。

なぜイギリスに資本が蓄積されたのか

さて次は「資本の変化」です。レジュメには「大量の資本の蓄積と確保」と書きましたが、それはどんなことか、順を追ってお話しします。

　ここでの資本とはお金のことです。工場に機械を据え付けるためにはお金がかかりますね。それもかなり高額です。仮に一〇〇〇万円としましょうか。機械を据え付けたその日から利益が上がるものではありません。製品が売れてすぐに一〇〇〇万円が入ってくるという、そんなうまい商売もありません。利益が上がるまでに二年、三年あるいはもっと時間を要するかもしれません。

　その間、機械の設置に支払った一〇〇〇万円は固定されている。さらに機械を使って製品をつくるには原料も必要とするし、部品などを更新するメンテナンスの費用もかかります。要するに、機械一台を据え付け動かすためには、かなり高額なお金のストック、つまり事前に資本の蓄積がなければなりません。

　一八世紀後半からのイギリスになぜ工業の発展を支えるだけの資本の蓄積があったのか。これをトータルにとらえて計算することは困難ですが、ここではお金の動きからとらえてみましょうか。なぜ、イギリスにそんなに多くの資本が蓄積されたのでしょうか？　誰か答えてください。

「奴隷貿易」（生徒の答え）

そうですね。たしかにイギリスでは、アフリカ大陸からその住民を奴隷として安く買い上げ、労働力としてアメリカ大陸の植民地などに売った奴隷商人の活動がありました。ほかには？

「植民地貿易」（生徒の答え）

そうですね。

イギリスの国内における内部蓄積は他の国々に比べて多かったようですが、それだけでは工業の発展をまかなえない。答えがあった奴隷貿易もそうだし、植民地を支配して、そこで産出する砂糖とかお茶とかというヨーロッパでは産出されない産品をイギリス以外の国々とも交易して、お金を稼ぐという手段ですね。今でいう世界経済の仕組みをつくったわけですが、それによってイギリスがどれだけの資本を蓄積したかは、実は経済史でも正確には計算できていない。現在のように国際収支の統計が出る時代ではないので、あくまでも推計をもとに考えられています。いま答えにあった「奴隷貿易」も現在の基準からはとても許しがたい行為

図2　フランス、オルレアンの織物工場

ですが、これによって誰がどれだけの実利を上げたかを正確に計算することは難しいのです。

ただ言えることは、他地域からの輸入品をヨーロッパ内で転売して得た利益を資本として蓄積した。それを使ってイギリス国内で設備投資が盛んに行われたことは確かです。これが「資本の変化」です。

いま交易、転売の話をしましたが、イギリスは生産の原料を他の国に求めました。初期の工場生産でいちばん初めに重要だったのは綿製品ですね。綿製品を大量に生産するためには原料の綿が必要です。イギリスでは、国内では産出しない原料をどこから求めたのでしょうか。

「インド」（生徒の答え）

そうインドが重要ですね。この時代、インドでは高品質な綿が栽培され、すでにインド産綿布は国際商品になっていました。イギリスは原綿を独占的に原料として輸入するばかりでなく、さらに栽培の拡大を図ります。これがすでに出てきた植民地支配ともつながります。

良いもの、新しいものを他人より先に手に入れたい

さてインド産の高品質な原料を使った綿織物がヨーロッパで盛んに売られるようになると、「消費の変化」が起こります。他人《ひと》が着ているのを見て「あれよさそうじゃないの。私も着てみたい」から「どうせ着るならば、他人よりももっと良いものを着たい」という今のファッション好きの人と同じような心の動きが起こり、その結果としてものが売れる、すなわち消費が促進されたのです。

この現象を私は「欲望の解放と市場の拡大」ととらえています。このような動きが起こる前の社会はどうだったか。身分制社会、つまり身分によって服装や暮らし向きが規定されていたのです。日本も江戸時代はそうでしょう。農民はこの着物、武士階級でも殿様との地位関係で、服装が定められていた。でも「贅沢《ぜいたく》禁止令」が時々出されているところを見ると、いずこでも、その決まりから逸脱しようとする動きもあったのでしょう。

ヨーロッパでそのような身分制を超えて、最新の、良いものを身につけたいと、多く

の人が願うようになった背景には製品の大量生産があります。生産が工場体制ではなく、職人の労働に依存していた時代には、ファッション製品の価格が非常に高く、一般の人は手が出なかった。だから富裕階級の独占物でした。それが大量生産によって価格が下がると、中間階級の人たちまでが、自分たちでも手に入りそうだと欲望を刺激され、結果として消費が拡大しました。欲望の解放と市場の拡大は、いわばニワトリとタマゴの関係みたいなものです。

市場の拡大は国内だけでなく、国外へも進みます。先ほどふれた「転売」もそうです。たとえば、イギリスは砂糖・茶・タバコなどのヨーロッパ外からの物産を輸入して国内で消費するだけでなく、国外に転売することで莫大《ばくだい》な利益を上げました。この活動を通して国と国とを結ぶ経済ネットワークが促進されます。

もはや一国だけの経済を考えるのではなく、いかに自分の国以外の世界にものを売るか、どこから原料を持ってきて加工し、その製品をどこに売るか、という相互関係が意味を持つ。一八世紀後半から一九世紀にかけて、そんな時代が本格化します。

農村の時代から都市の時代へ

消費が盛んになり経済ネットワークが発達するにしたがって流通、すなわちものの流れが変化します。大量の原料や商品を運搬できる交通網と、それらを消費者のところまで送り届ける販売網が必要になってくる。

原料を大量に調達できる先があったとしても運ぶ手段を確保できなければ生産に結びつきませんし、製品をほしがっている消費者がいることがわかっていても、その手元まで届ける手段がなければ、利益は確保できません。そこで必要とされるのが「運ぶ手段」の向上、すなわち「輸送革命」です。

一九世紀に入ってから、イギリスを先頭に輸送手段が著しく発達しました。国内においては鉄道、海外と結ぶ輸送手段は船ですが、両者ともに蒸気機関を利用して動力源としていきます。今でも鉄道好きの人たちの間では「ＳＬ」が懐かしがられていますね。

鋼鉄製の蒸気機関車が客車や貨車を引いて走る。これによって馬車が輸送手段であった時代に比べて、輸送量は格段に増大、輸送時間も大幅に迅速化されました。イギリス国内では次々と鉄道が敷設《ふせつ》され、交通ネットワークが形成されます。Railway を日本では「鉄道」と訳しましたが、まさしく鉄の道です。機関車や貨車は鉄の塊であり、しかも鉄のレールが何百キロ何千キロと延びて行きました。したがってイギリスの製鉄業はどんどん発展しました。

海上の輸送も帆船から蒸気船へと変化しました。帆船は文字通り風任せですが、蒸気機関の使用で船足が伸び、積載量も増大します。初期には風力と蒸気を併用した機帆船でしたが、やがて蒸気の完全利用へと変わり、イギリスは世界に冠たる海運王国になります。

ところで、鉄道の発達は人々の生活感覚にも変化をもたらしました。定時定刻というリズムが生活に入ってきたのです。鉄道は時刻表にしたがって運行していますから、列車に乗るためにはその時刻に合わせて駅に行かなければならない。製品を貨物列車に積み込むためには、その時刻に合わせた生産計画を立てなければなりません。ここでも鉄道が人間の時間についての感覚を変えました。

「輸送革命」は「居住の変化」をも促進しました。一八世紀前半までのイギリスは農村が広がり、その中間に市が立つような町があるという地理的構造でしたが、どこかの町に工場ができると、そこには働く人たちが集まって来る。交通が発達し、それによって原材料がそこに集結し、工場で生産された製品が駅や港から運び出される。すなわち工場都市が生まれます。また人が集まれば消費が高まるので、都市は消費センターとしての役割も果たします。イギリスでは一九世紀になると、都市と農村の関係が逆転していきます。農村部に住む人よりも都市部に住む人の割合が多くなる。これが「居住の変化」です。労働者の世界が成立して、農村型社会から都市型社会へと転換したと見てよいでしょう。

その様子をもう少し詳しく眺めてみましょうか。農村では基本的に農業を中心にしているので、それに付随する職業、たとえば道具をつくる鍛冶屋《かじ》さんとか家畜の飼料を商う業者とか、農業以外には限られた仕事しか存在しませんでした。それでも生活が回転しました。ところが、都市は工場を中心に多くの人が集まってくる。彼らが工場の周辺で生活すれば、衣食住に関するさまざまな需要が生まれてきます。仕事を終えてからちょっと一杯やる飲食店から始まり歓楽街が形成されるなどは、農村型社会にはない特徴です。

なぜ人口が増え続けたのか

都市で働く人々はどこから集まってきたのか。もちろん農村からです。では農村の人たちがなぜ都市に出ていこうとしたのか。そこで見逃してならないのが一八世紀のイギリスで起こっていた「エンクロージャー」という動きです。どういうことか知っていますか？　要約すれば、農業を大型化しようという動きですね。土地の囲い込みとも訳されていますが、農地の拡大を目指す大地主が零細な借地農を、ここから出て行ってくださいと追いだすやり方です。そこで追い出された農民はどこへ行くか。農業労働者になる人もいましたが、最終的には都市ですね。都市部では大工場が続々と建設されていきましたが、まだオートメーションには、はるかに遠い時代ですから、機械を動かすには多くの人力を要する。農村を離れて都市に出てきた人たちの大集団は、工場労働者として迎え入れられました。

でも気になりませんか？　農村であれば自分で食べる食糧は自分でも生産していたのに、都市では食糧の生産手段がない。膨大に増加した都市人口はどのようにして食べていたのでしょうか？

　その答えを出します。食糧生産のあり方が一八世紀のヨーロッパでは大きく変化しています。「農業革命」とも呼ばれますが、今ふれたエンクロージャーによる農業の大規模化も含めて、品種の改良、肥料の開発など技術的な変化が続いて起こり、収穫量は飛躍的に増大しました。

　もう一つが食糧の輸入です。市場が拡大して、ロシア産やポーランドなどで生産された穀物が西ヨーロッパ各地に入ってくる。これらの要因が複合して、都市住民の胃袋は満たされたのです。

　それと同時に人口も増加します。一八世紀に始まったヨーロッパの人口増加は、一九世紀にはさらに加速しました。人口増加と工業化の関係もまた、人口増加と食糧事情の好転と同じように、単純な因果関係が成り立たないニワトリとタマゴの関係にあるようです。しかし人口の増加が社会により多くのダイナミズムをもたらしたことは間違いありません。

　人口増加と病気との関係も視野に入れておく必要があります。中世の歴史に出てきますが、ヨーロッパでは一四世紀にペストという疫病が流行して人口の三分の一が失われた。その後の時代にもこの流行病は時どき現われ、多くの死者をもたらします。ところがイギリスでは一七世紀末、大陸側では一八世紀の初めを最後に流行しなくなる。なぜペストが流行しなくなったかについては諸説ありますが、その本当の理由は特定できていません。でも無くなったという事実は史料から確認できます。そうなると、一挙に大量の人命が失われるケースが少なくなります。

ちなみに、医学が本当の意味で有効になるのは、ヨーロッパでは一九世紀の後半からです。細菌やウイルスの存在が明らかになって、適切な予防法や治療法が確立されていきました。それ以前は、病気と人口の関係を見ると、病気を治せたから人口が増えたとも、病気が流行しなくなったから人口が増えたとも言い切れない、あいまいな相互関係が見られます。

それから、なぜイギリスに産業革命が起こったかを考えたとき、イギリス国内の政治状況をとらえておく必要があります。世界史の授業を受けた人は習ったと思いますが、イギリスは一七世紀にはいろいろな政治的混乱がありましたが、一八世紀になると、立憲王政のもとで議会制のシステムが成立し、他の国に先駆ける形で、一定程度の「政治の安定」が実現しました。一定程度と留保をつけたのは、スコットランドとイングランドの対立やアイルランド問題などの内部事情も抱えていたからです。

それにしても経済の発展には政治の安定が不可欠です。工場をつくって生産を始めたところに政権が代わり、前政権とは反対の政策が実施されたらどうなるか。国際的にはカントリーリスクという問題がありますね。たとえば外国と交易しているときに相手国の政権が交代して、今までの約束がほごにされたりしてしまう場合もあるでしょう。一八世紀から一九世紀にかけてのイギリスは、内外ともに大きな政治の混乱はありませんでした。

連動性を押さえて歴史を理解しよう

すでにずいぶんいろいろなことをお話ししてきましたね。みなさんが教科書や参考書で習った産業革命の周辺に、こんなにたくさんの変化があったのかと、頭が混乱してきたかもしれません。だが、今日の話のポイントはその「変化」です。もう一度、最初にいではありません。

みなさんの教科書には、産業革命とは、機械による工場生産によって工業化が成し遂げられた、その動力源が蒸気機関であったと書いてある。もちろん、それは間違いではありません。

私はこれまでに「技術の変化」から「政治の安定」まで、きわめて多様な側面にかかわる「変化」を挙げてお話を進めてきましたが、それらの「変化」はたがいに連動性を持っています。つまり、さまざまな変化がたがいに連動し合って、教科書で「産業革命」といわれる大きな変化が一八世紀から一九世紀にかけて起こったととらえるべきなのです。

今日は「産業革命」についてお話を進めてきましたが、すべて歴史上の出来事や変化は、多かれ少なかれ複数の、あるいは多数の側面の変化が連動する形で生じています。逆に言い換えると、ある大きな変化が生じた場合に、そこにはどういう問題が関わっているのかを考えてみる。つまり一つの変化が起きたら、そこにはどういう変化が連動しているのかを考えてみる方法です。それが正しい歴史の見方、読み取り方だと思います。

みなさんは、いま受験勉強を含めてプラスアルファの勉強に忙しく、教科書に書いてある事柄を一つひとつ理解し記憶するのに精一杯かと思いますが、変化の連関性を見抜く力を身につけておいてください。そういう発想の仕方で歴史上の出来事とか変化を理解する方法を身につけると、大学に入った後の勉強に(これは歴史に限らず、どんな学問にも言えるのですが)、すごく入りやすくなり、理解が深まると私は確信しています。

「産業革命」を否定する見方

「産業革命」は、いろいろな変化をともない、それらが連動しながら実現した経済社会の大変化でした。しかし、最近では経済史や社会史のほうから、このような産業革命の概念はいかがなものかと、疑義を呈する「産業革命否定論」も出ています。これらは高校ではあまり教えられないし、よほど興味を持って参考文献に目を通した人以外は知らないことですが、変化の捉《とら》え方という面からここに簡単に紹介しておきます。

たしかに一八世紀からのイギリスでは各種の紡績機や力織機が開発され、蒸気機関の開発と連動して、産業革命の時代が開幕しました。しかし、産業革命否定論者の見方はこうです。

こうした発明がなされ、機械が生産に使われるようになったのはたしかであるが、すぐに蒸気力が動力の主流として使われたわけではない。はじめのうちは、一九世紀に入っても水力のほうが主流であった。機械にしても、綿工業では普及したが、全体においては主流になったわけではなく、機械の生産も全体的にはたいしたことはなかった。消費や流通、労働の変化についても一九世紀に入ってから言えることである。農業生産との関係にしても、そんなに急激に、工業生産に主流の位置を譲ったわけではない。こうした変化は、一世紀ほどのスパンをとったときに、はじめて言えることであって、「革命」という表現はそれには馴染《なじ》まない。こうした主張です。

私は否定論者の指摘もあながち間違っていないと思います。綿工業を例にとってお話ししますと、確かにいっせいに機械化されたわけではありません。最初は原料から糸をつくる紡績業と、その糸を材料として布をつくる織布業は、いずれも手工業として行われていました。機械化が先行したのは紡績業のほうで、安い糸が大量に生産されていきましたが、織布業には、まだ多くの機《はた》を織る職人がいた。そこで安くできた糸を職人に回して仕上げてもらったほうが、コストが安かったのです。前に話したように、機械を導入すれば、最初は固定費がかかるでしょう。だから、機械生産が主流になったのは一九世紀の半ばで、機械生産の綿織物が普及しだします。

このように、変化はドーッと来るのではない。そういうものを革命といってよいのかというのが、すでにお話しした、産業革命否定論者からの批判です。では、産業革命という概念を否定して、工業化一般の過程にならしてしまってもよいのでしょうか。私はこの見方には反対で、私はこの産業革命という概念を使ってもよいのではないかという意見を持っています。

長いスパンで見ると、「産業革命」はあった

ここで気になるのが「革命」ということばです。革命というと、政治革命がまずイメージされますね。政権の担い手が代わるとか、クーデターが起こるとかして、政治の状況が一夜にして激変することは政治の世界では起こり得る。ただし日本の政権交代では全然中身が変わりませんでしたけど（笑）。

図３　ドイツ、エッセンのクルップ鋼鉄工場

イギリス革命、フランス革命、ロシア革命など、歴史の大きな転換点も一〇年、一五年、あるいは三〇年というスパンで語れます。これに対して、今までお話ししてきたように、ヨーロッパ、特にイギリスにおける経済的な構造変化や社会的変化はほぼ一世紀をかけて進行していきました。さらに一九世紀後半になると、教科書では「第二次産業革命」として記述されていますが、いとへん（綿織）中心の軽工業から重化学工業へと中心がシフトしてきます。化学製品やアルミニウムなどの新素材の生産が盛んになり、その中から恐ろしいダイナマイトなども作られたりするわけです。そこまで含めると一五〇年、あるいはこの流れは現在まで続いているかもしれません。

私は産業「革命」とはいかがなものかと議論する人た

ちの頭の中には、政権交代、権力交代のような政治「革命」のイメージが置かれているのではないかと思います。しかし私が革命という激変を思わせることばを使ってもよいと思うのは、人類史という長いスパンで考えると、ここで起こった変化がきわめて本質的なものであったと言えるからです。

いまから八〇〇〇年前から九〇〇〇年前にかけて農業が開始されたことをもって、「食糧生産革命」といったりします。これは、ちょうど新石器時代にはいるところだったので「新石器革命」ともいわれることがあります。こんな長いスパンを持った変化が「革命」と呼ばれるのは、この変化が人類史にとって、きわめて大きな本質的な変化をもたらしたからです。「食糧生産革命」はどのような広がり方をしたのか。西アジアのステップ地帯で始まった冬麦の生産方法が、冬に少し雨が降り、夏は乾燥しているという同じような環境条件を持つ他の地域、たとえばヨーロッパの地中海周辺へと広がっていきます。交通手段が徒歩か動物に乗るしかない時代ですから、その伝播《でんぱ》には大変な時間を要しました。

しかしこれは農業の開始という人類の生存条件の大変化、人類史にとってはものすごく大きな生存条件の根本的な変化です。そう解釈すれば、激変のイメージを持つ「革命」を、たとえの意味を含めて使ったのは間違いではない。産業革命の場合も同様だと私は思います。

正しい歴史の学び方

歴史を学び、研究する場合、あるいは研究者でなくても、もっと単純に歴史をとらえようとする場合、大きく分けて二つの作法があると思います。すなわち考え方、あるいは認識のしかたですね。それは「歴史事実の特定」と「歴史理解の解釈と表現」です。

まず「歴史事実の特定」とはどんなことか。産業革命の出来事を例にとると、「飛び杼《ひ》」の考案があります。機を織るときに糸を横に通すための杼を、交互に自動的に走るようにした仕組みで、これで織布の生産性が著しく向上しました。一七三三年、ジョン・ケイという人の発明です。このような事実が実際にあったかどうかを確認して、記録にとどめるのが「歴史事実の特定」です。資料（史料、データ、証拠物件）に基づいて、過去に起こったいかなること（ひと、もの）であったかを、できるだけ正確に誰もが納得できるような正確さで復元してみる作業です。

しかし、過去の話ですから、何かの発明についても、後に別の史料が発見されて、実はそれより前に発明者がいたと客観的に証明されれば、事実関係は変わります。

裁判の世界に置き換えると、「歴史事実の特定」は証拠調べにあたります。裁判では証拠に基づいて事実を再構成しますが、これがなかなか難しいのは、不幸にして冤罪《えんざい》事件が発生していることが物語っています。それでもやはり、事実をどこまで特定できるかが最重要課題です。

冤罪事件が発生する最大の原因は、警察、検察が「この容疑者が絶対に犯人である」という予見、つまり思い込みのもとに自分に都合のよいように証拠調べをすることです。これは学問でも同じで、研究者は最初から勝手に自分のイメージをつくり、それに沿った資料調べをしてはならない。

ずいぶん前になりますが、考古学の分野で遺跡捏造《ねつぞう》事件というのがありました。ある考古学者が自分の学説の正しさを証明するために、先に遺跡に石器類を自分で埋めておいて発掘させていたのです。これでは学問ではありません。ですから、基本的に証拠に基づいて、その証拠から何が言えるのかを特定する作業が絶対に必要です。

しかし、いかに事実を集めて、丹念な検証を行い、事実の特定を進めたとしても、たとえば産業革命が展開した時代を完璧に復元することはできません。それは限定的な、部分的な復元、または再構成です。

たとえば前出のジョン・ケイの一七三三年の発明とか、マンチェスター・リヴァプール間の蒸気鉄道営業開始が一八三〇年九月一五日であるとかは、誰もが確認できる特定事項です。だが、これらは歴史の部分認識です。このような事実をいかに多く、また正確に記憶していても、産業革命全体を知っていることにはなりません。

そこで「歴史理解の解釈と表現」が必要です。史料に基づいた歴史事実の特定を前提として、それらの事実が織りなす関係を再構成する作業を通じて、ある時代の歴史の側面について、どのように解釈し、説明できるかを考えます。さらに、さまざまな要素の側面についての解釈を連関させることによって、ある年代（時間的な枠組み）における、ある地域（空間的な枠組み）に起こった何かについて、歴史像を描いてみる。これを他者に提示して納得してもらうのです。この場合、言語や叙述による表現行為が行われます。みなさんが接している高校の歴史教科書では、いくつもの解釈を並列的に紹介するスペースがありませんし、学ぶ側に混乱を与える可能性もありますから、監修者がもっとも重要だと思う解釈を通説として記述しているのです。

これらの解釈には絶対という基準はありません。私は産業革命について一つの位置付けをしましたが、これに対して「産業革命というよりも、大規模な工業化だと言いきったほうがよい」という議論も出てきます。それに対して、私は「もっとスパンを長くしてとらえれば、人類史のなかで産業革命といってもよい」という解釈を提示します。もしかすると、君たちの時代になって「先生、それは違います」と、別の解釈を提示されるかもしれませんが、それはそれでよい。そこで解釈をめぐって議論や論争が起こることもあります。時代に応じて、こうした議論は絶えず変動する可能性があるのです。

大学で歴史関係の学部・学科に進むと、最初は歴史的事実の特定の仕方を学び、それからはもっぱらこの解釈を勉強しますが、その段階で求められるのが発想法（＝考え方）です。特定された事実を踏まえ、自分の頭で考え、解釈してみる。これは歴史学に限らず、政治、経済、経営など社会系の学問でも理系の学問でも同じ。重要なのは発想力をどう鍛えるかです。理系の実験などでは目の前の変化、たとえば化学反応を重視しますが、やはりそこには過去の蓄積を土台とした解釈が必要でしょう。

今日は産業革命をテーマに歴史学の学び方をいっしょに勉強しました。歴史というと何百年、何千年も前というスケールでとらえがちですが、せいぜい五〇年前ぐらいという直近のスパンで皆さん自身考えてみてはいかがでしょうか。みなさんのご両親が生まれる前後の時代です。事実の特定もしやすいし、発想法を鍛えながら、この時代に関する君たち自身の独特の解釈が生まれるかもしれません。

（この授業は二〇一二年五月二六日に行われた）

◎若い人たちへの読書案内

歴史の勉強について、少し広く考えてみましょう。これまでに書かれてきた歴史の本をいろいろ読んで、いったい過去に何があったのか、それがどこまで分かってきたのかを学ぶ、これはもちろん大切なことです。しかしそれだけではなく、自分自身で歴史についてとらえ考えてみる、という歴史的思考力も身につけて行かれれば、その応用範囲はとても広いものになるに違いありません。

そういう点で、手がかりに取り組んでみてほしい本として私が推奨したいのが、**板倉聖宣《きよのぶ》『歴史の見方考え方』（一九八六年、仮説社）**です。「いたずら博士の科学教室③」という通しのタイトルが示しているように、この本は、はじめ板倉先生が科学教育のために工夫して提案なさった「仮説実験授業」の方式を、理科の教育だけでなく、歴史や社会に関する学びや考え方にも応用できないか、と考えて書かれた本です。主に日本の近世つまり江戸時代から、明治維新を経て現代に至る、長い時代を取り上げて、人口の推移や石高、金銀銅などの資源産出量といった、統計的な数字を主たる材料としながら、歴史的な推移をどのように考えていけるか、読者に予想解答を選択してもらいながら問題を解きほぐしていく、という大変に工夫が施された中身になっています。ぜひとも皆さん挑戦してみてください。

もともと科学史の専門研究者であった板倉先生は、中学高校での教室を想定した教育関係の本を膨大に残されましたが、それ以外にも歴史に関わる本をいくつも書いておられますから、図書室などで直接みて、興味を持ったものから取り組んでみるのも良いでしょう。ただし歴史で取り上げることができるテーマは膨大にありますから、例えば『歴史の見方考え方』で主に問いかけられているような統計的な数字での議論にはなじまない問題も、もちろんありえます。ですから、そうした点にも注意しながら学んでみることが大切です。何であれ、鵜《う》呑《の》みにしてはいけません。

　現在の歴史の研究で、どのようなテーマがどのような見方のもとに、どういう史料を材料として追究されているのか、という点を知りたい方には、私自身が書いたものですが**『歴史学入門』（二〇〇六年、岩波書店）**があります。これは歴史を専門的に勉強したい大学一年生の授業を想定して書いたものですが、熱心に勉強したい高校生にも、あるいは中学生でも挑戦したい気持ちがあれば、へえそうなのか、と言って読めるような中身の本になるように書きました。挑戦してみてほしいと思います。

日本文化の像を描く

福嶋亮大

ふくしま・りょうた
一九八一年京都府生まれ。京都大学文学部を卒業後、京都大学大学院文学研究科博士課程を修了。現在は立教大学文学部准教授。著書に『厄介な遺産――日本近代文学と演劇的想像力』『神話が考える――ネットワーク社会の文化論』『復興文化論』など。

僕の仕事はもっぱら日本や中国など東アジアの文化や文学を考えることです。今日は「日本文化の像を描く」というタイトルになっていますが、もう少し大きく、人文学とは何かという問題から入りたいと思います。

そもそも、人文学とはいったいどんな学問でしょうか。理系の存在意義はわかりやすい。でも、文系の意味はぼんやりしているし、みなさんもたぶん「文系ってなんのために存在してるの？」という疑問をお持ちでしょう。僕も同じで、大学でずっと人文学を学んできたにもかかわらず、なぜそれが必要なのかなかなか理解できなかったのです。でも、最近僕なりにたどり着いた考えがあります。それを少し話しましょう。

香港のストリートから考える

本題に入る前に、ちょっと時事的な話を。いま香港《ほんこん》では大きなデモが行われています。テレビで見ましたか？　警察が催涙弾を市民に発射したりして、なかなか衝撃的な映像でした。僕はたまたま一昨日まで香港にいて、デモの取材をしてきたんです。

日本でもデモが盛んな時期がありました。一九六〇年代の安保闘争の時代ですね。ところが、それ以降は「デモが社会を変える」という信念は弱体化してしまった。二〇一一年以降は「脱原発」の運動がにわかに盛り上がりを見せましたが、デモの意義を一度忘れてしまった代償は大きい。とはいえ、既に六〇年代においても、鋭い感覚の持ち主は政治運動からの「ズレ」にこそ注目していたんですね。たとえば、当時のカリスマだった若松孝二監督の映画は、路上のデモからドロップアウトして、エロスの閉鎖空間＝密室に立てこもる若者たちを描いていた。裏返して言えば、若松監督のような優れた表現者にとって、ストリートは必ずしも自由でセクシーな場所ではなかったわけです。

こういう日本的な感覚を踏まえると、お隣の香港のストリートが盛り上がっているのは興味深いことです。香港の若者も日本と同じく、アニメや漫画が好き。でも、政治的な行動に出ることにも躊躇《ためら》いがありません。日本人は往々にして、デモというと西欧の市民社会をモデルにします。けれども、台湾や韓国、それに香港では、いまやデモが重要な政治的手段になっている。ならば「デモをするアジア人」というカテゴリーを想定したうえで、東アジアのデモがどういう社会的な意味を帯びているのかを考えないといけない。

では、なぜ香港で大きなデモが起こり得たのか。その理由を大きく三つ挙げます。ひとつ目はFacebookのようなソーシャルネットワーク、二つ目は地下鉄のような交通インフラ、三つ目は香港人のライフスタイルです。いまどこで衝突が起きているか、どこに人員が必要かという情報をFacebookでパッと共有し、地下鉄ですぐに現場にかけつける。香港の地下鉄は市街のどこに行くにも便利だし、かつシステムも先進的で、電子カードの導入は日本のSuicaよりも早いくらいなんですね。こうした合理的なネットワークに加えて、若者のライフスタイルも重要な意味をもっています。香港では仕事のあとに仲間でわいわい街に繰り出して遊ぶ習慣があって、それが四~五人の集団の単位を作りやすくしている。実際、デモ隊と言っても、その外見は日本の花見のグループ客によく似ているんです。彼らはデモと遊びを連続させている。

そういうわけで、デモの理念としては「真の普通選挙」や「民主化」というシリアスなものを求めてはいますが、ある種のお祭りイベント的要素もあって、参加者は一種の観客でもある。例の催涙弾にしても、実はけっこう簡単に防御可能だということがわかると、すぐに「あれは一種のアトラクションだ」という新しい共通理解ができあがっていく。傘でできたバリケードも、デモの発生から二日後にはもう〝観光名所〟になっていて、旅行客や地元民がスマホ片手にパシャパシャ撮影するという具合です。なんとも奇妙な状況ですね。とにかく「経験の変質」の速度がすごく速い。香港のデモにおいては、ある種のユーモアが多くの人を動かしている。逆に、理念だけでは人は動かない。こうした実情は、日本にいてはなかなか伝わってこないことです。

それから、社会運動と言っても、あれは半分以上ノウハウやテクニックの問題なんですね。たとえばバリケードを作るとき、みなさんならどこから材料を調達しますか？　香港では道路工事が多いので、工事現場からフェンスやコーンを盗《と》ってきて資材にしちゃうらしい。香港のデモ隊はそのへんが非常に機敏なんですね。それから、運動の主体は学生なんですが、意外にヤンキーっぽい地元民も支持していたりする。彼らが学生たちの後ろだてとなって、警察が入り込めないように大型トラックを並べていたのですが、その大型車が日本直輸入のステッカーをべたべた貼っていたり、アニメ絵満載の〝イタ車〟だったりするので、見ているとクラクラする（笑）。あとは、デモのビラを大量に作成しないといけないので、印刷所も実はかなり重要な施設だったりするんですね。どんな運動もインフラがないと成立しないわけです。これらの事情を見るにつけ、香港にはデモのノウハウが大量に蓄積されているという印象を持ちました。

いきなり余談から始めてしまいましたが、ここで「人文学とはなにか」という最初の問いに戻りましょう。香港は中国からの圧力が強くなり、一種の危機的状況に陥っていますが、僕の考えでは、人文学とはまさに「危機に陥ったときに人間を支えてくれるもの」なんです。別の言い方をすると、人間に再出発する力と勇気を与えてくれるものです。

たとえば、歴史学には「アジール」という有名な概念があります。「聖域」とか「政治権力から切り離された場所」といった意味で使われます。歴史学者の網野善彦さんは中世の日本社会を素材にして、とても興味深いアジール論を練り上げたのですが（ちなみに、宮崎駿《はやお》監督の『もののけ姫』の世界観は網野史学から影響を受けています）、彼の議論の宛先は実は日本だけじゃないんですね。僕の香港人の親友に熱心な網野ファンがいるんですが、彼は「香港こそアジールだ」と口癖のように言っていました。要するに、香港は中国の権力の及ばない場所、つまり経済活動や文化活動が自由にできる「聖域」

であり、それこそが香港のアイデンティティにして最大の価値なのだ、と。外部からの危機によって、香港のあり方が根底から揺るがされたとき、彼は「アジール」という概念を再発見したわけです。

一種の危機的状況に置かれた友人にとって、網野さんの歴史学は、新しい自己認識と勇気を与えてくれるものでした。彼を見ていて、僕はやっぱり人文学には意味があるんだと納得しました。価値を他人と共有し、それを闘いの道具に変えること――、彼はそのために網野さんの思想を手がかりにしたのです。裏返して言えば、平和な時代には人文学はあまり必要ではないのかもしれません。なぜなら、平和で満ち足りた時代には、新しい価値をつくる必要がないからです。

崩れ始めた世界の常識

もっとも、一口に「危機」といっても、いろんなタイプの危機があります。外圧や自然災害だけが危機ではありません。文化や認識における危機というのもあるのです。

日本に即して言えば「二十一世紀はモデルのない時代」です。古代の日本は中国がモデルでした。十九世紀以降は西洋をモデルに国づくりをすすめた。ところが、いまの日本にはモデルになる国がありません。いまは西洋の民主主義も必ずしもうまくいっていません。二十一世紀の日本の危機というのは、どこにも文明のモデルがないという危機です。これは日本史のなかでも例外的な事態です。

さらに、グローバル化の中で従来の〝常識〟が崩れていることも見逃せません。たとえば宗教。実は中国ではキリスト教徒が急激に増えていて、二〇三〇年には世界最大のキリスト教国になるという未来予測もあるくらいです。中国の農村に行くと、毛沢東の肖像画の隣にイエス・キリストの像が飾られているという、かなり奇妙な状況が出現している。他方、アメリカでは仏教徒が急激に増えているそうです。キリスト教は西洋的、仏教は東洋的という従来の色分けが、だんだん通用しなくなっているのです。

このように、近年では宗教の環境じたいが大きく変わってきている。とくにアジアではいろいろな宗教が混在しつつある（ちなみに、日本の宗教上の特徴はイスラム教の影響をほとんど受けていないことです。これはアジア諸国のなかでも例外的です）。日本では、オウム真理教の事件などもあり宗教全般が悪だと認識されがちですが、それでは他国の人間とコミュニケーションが取りづらいと思います。特定の宗教を信じろとは言いませんが、宗教に対する理解や敬意はつねに持つべきです。

何にせよ、どこからも絶対的なモデルを得られない以上、「日本の価値はなにか」という問いを自力で構築していかねばなりません。それは容易ではない道のりですが、まずは過去のアーカイブを耕してみることから始めてみてはどうでしょうか。そもそも、文化とは地層のようなもので、進化論のように、単純に古い文化が淘汰《とうた》されて新しい文化になるわけではありません。とくに日本文学の領域では、流行の最先端を突き進むだけではなく、ちょっとした時代錯誤があったほうが成功するケースが多いんです。昔だったら谷崎潤一郎さんや中上健次さん、いまだったら村上春樹さん。彼らは一時代前の地層を掘り進めて、日本を代表する作家になった。アナクロニズム（時代錯誤）が日本文学の価値をつくってきたわけです。

そういえば、みなさんもご存知の京都の金閣寺は、三層構造になっています。一階は公家《くげ》の寝殿造り、二階は武家造り、三階は禅宗造りです。これはそのまま京都の歴史の地層を示している。最初に平安時代の王朝文化があり、その上に武家文化が生まれ、いちばん上に禅の世界がのっているわけですね。多様な様式のものが、何層にも重なりあって文化が構築されているということが、金閣寺の建築によくあらわれています。

僕は先ほど、危機に際して人間を再出発させてくれるのが人文学だと言いました。それに加えて、人文学者とはいわば「文化の考古学者」です。古い文化の層を発掘し、批判し、使えるものとして仕立て直す。そういうふうに人文学をイメージするといいと思います。

世界には観察者が必要である

ところで、人文学であつかう対象はもっぱら人間の営みです。したがって、根本の人間観がなければ、日本論といっても非常に浅はかなものになってしまいます。そこで、そもそも人間とはどういう生き物なのかを、少し哲学的に考えてみましょう。といっても、僕は哲学の専門家ではないので、ごくおおざっぱな話をします。

西洋の哲学者たちは、人間を神と動物の中間に位置づけました。平たく言えば、人間とは中途半端な生き物なんですね。ある場合には、神にも等しい認識のプログラム、つまり「理性」の力によって世界の根源的な仕組みを理解することができる。でも、場合によっては、とんでもない認識上の誤りを犯したり、動物的存在に成り下がってしまったりする。この点で、人間とは宙ぶらりんの存在です。

では、宙吊り状態の人間が、なんとか正しい認識を手に入れるにはどうしたらよいのか？　たとえば「1＋1＝2」はだれが解いても同じですね。こうした絶対的に正しい認識を積み重ねていけば、神に等しい知性を手に入れられるかもしれない。でも、人間はやはり神ほど恒常的に賢くはないので、おおむね時間をかけて、回り道をしながら真理に近づいていくことになる。そういう時間性や段階性を考えたのが、哲学者のヘーゲルです。「正」と「反」をぶつかり合わせて「合」を導く。これを弁証法と言いますが、ヘーゲルは弁証法の螺旋《らせん》を描きながら、時間をかけて人類の知を上昇させていこうというプロジェクトを掲げたわけですね。

そこで、最終的に「人間は自らの歴史を完成させることができるのか」すなわち「歴史は終わるのか」という問いが浮上します。この場合、ヘーゲルとマルクスは「終わる派」、カントは「終わらない派」です。

ヘーゲルはナポレオンの登場を見て歴史は終わったとした。マルクスは共産主義が完成すれば世界はユートピアになると考えた。さらに、ヘーゲル主義者のフランシス・フクヤマは、共産主義国家のソ連が崩壊する直前に「資本主義が勝った。歴史は終わったんだ」と宣言した。ただ、ヘーゲル主義とマルクス主義は「歴史の終わり」という問題に取り憑《つ》かれている点では、共通しています。

それに対して、歴史は永遠に未完成だと考えたのがカントです。彼は観察者、つまり「世界をウォッチする人」に重要な意味を認めた。たとえば、フランス革命にはロベスピエールなりサン＝ジュストなりの登場人物がたくさん出てきますね（池田理代子さんの漫画『ベルサイユのばら』で有名ですね）。ところが、カントは、革命を完成させたのは彼ら主役ではなく、ウォッチャーであるまわりの大勢の観客だと言います。フランス革命単体ではなんら歴史的な意味を持たず、その成り行きを見守っていた人間が「あれはすごいことだったんだ」と言い合って、はじめてフランス革命が意味を持つようになる。つまり、観客どうしのコミュニケーションが革命をつくったというわけです。

カントは人類の目的は「社交性の拡大」にあると見なしました。観客としての人間たちが、ある事件を目撃し、それについてひたすらコミュニケーションし続ける。それが人類の共同的な歴史なのです。そこでは、歴史は永遠に未完成のままです。そして、歴史に「終わり」がないということは、人類は終着点＝ユートピアがないまま、ずっと不満を抱えながら、世界の観客として生きていくということです。

歴史はいつか完成するのか、それとも永遠に未完成のままなのか。僕自身は、ヘーゲル＝マルクスよりも、カントが正しいと思っています。つまり、観客の哲学に共感を覚えます。ちなみに、さっきの香港の話についても似たようなことが言えるでしょう。香港のデモが成功するかどうかも、結局は当事者ではなく、観客の評価次第だと思います。

幼な子のすがたをした神様

さて、僕がカントの哲学に興味をもつのは、それが日本の問題とも深く関わってくると思うからです。実際、日本の文化のなかでは「観客」が大きな役割を果たしています。日本から「観客の文化」を引き出すこと、それが僕の目下の関心事です。時間もあまりないので、いくつかの例をざっと紹介します。

面白いことに、日本の神様は多くの場合「客」としての身分を備えています。よく「お客様は神様です」と言いますが、これは引っくり返して「神様はお客様です」と言うべきかもしれません（笑）。しかも、西洋の神様は全知全能ですが、日本の神的存在は未完成であるところがポイントです。これは昔話で考えてみるとわかりやすい。たとえば『桃太郎』『一寸法師』『かぐや姫』にはすべて〝ちいさな未完成の子ども〟が登場します。彼らは人間を超えた特別な「客」として来訪し、輝かしい成長をとげるわけです。

民俗学者の柳田國男《やなぎたくにお》は、これらの昔話を「小さ子」の物語と呼びました。さらに、折口信夫《しのぶ》は日本の神様はマレビト、つまり客人であると考えた。未完成で未熟な「客人」としての神様を育てることが、日本の物語ではとても重要なモチーフとなっています。

ところで、みなさん、ここで何か思い当たりませんか？　そう、似たようなことはジブリのアニメーションでも再現されているのです。『崖の上のポニョ』や『千と千尋《ちひろ》の神隠し』をはじめ、宮崎駿監督のアニメにはよく「客としてやってきた、ちいさな神様を育てる」ことが描かれていますよね。物語のパターンはいまでも息づいているわけです。

さらに、日本の物語では、客としての神をもてなす人間も重要になってきます。つまり、神様は単体では成長できず、養育者＝観察者が必要なのです。神様は「客」として世界にやってくる。そして、人間は観察者として神様を育てるわけです（古典文学で「乳母」が大事な意味をもつのは、そのためです）。ついでに言うと、日本では神様を育てるゆりかごというか「容器」も重要なんですね。たとえば、ポニョはビンのなかに入って、人間の世界に流れ着きますが、あれは一寸法師や桃太郎のパロディのようなものです。しかも、神と一緒に、自然物の容器も成長したりする。たとえば「君が代」は「さざれ石の巌《いわお》となりて苔《こけ》のむすまで…」という歌詞ですが、これは石が岩になり、苔むして立派になっていく……という、自然物の成長の歌です。石に呪術的な意味を認めるのは、日本の古い信仰ですが（今でも京都の下鴨《しもがも》神社などには石の神事が残っています）、それは「神の成長」のテーマとも関わっているのです。

日本文学は二人称の文学

「観客」の存在はお能の世界でも見られます。能にはワキ（脇）とシテ（為手）という役割があります。ワキは脇役、シテは主役。たとえば、世阿弥《ぜあみ》の夢幻能のなかでは、旅のお坊さん（ワキ）が寝ていると、その夢のなかで深い無念を残して死んでいった幽霊が恨みつらみを述べるんですね。幽霊＝シテの負の情念を浄化するときにも、彼の話を聴く〝観察者〟的な人間＝ワキが必要なのです。

先ほどの折口信夫は、こういうパターンをふまえて日本文学を「二人称の文学」と呼びました。これはとてもうまい言い方ですね。一人称は〝わたしはこう言った〟で、三人称は〝彼あるいは彼女はこう言った〟ですが、二人称は〝あなたはこう言った〟という構造です。能の構造はまさに二人称的です。つまり、旅のお坊さんという観客＝聞き手がいなければ、文学が成り立たないのです。ここに日本文学のひとつの特性がよく現れています。

もうひとつだけ付け加えれば、みなさんが古典の授業で習ったであろう兼好の『徒然《つれづれ》草《ぐさ》』も、観客的な文学だと言えるでしょう。『徒然草』では「距離をとって見ること」が推奨されています。共同体の「内」でもなく、かといって人里離れた山奥でもない場所、それが兼好のポジションなのです。日本人はこうした中間者の感覚をずっと大事にしてきました。評論家の山崎正和さんが言っていることですが、海外では、『徒然草』のような淡々とした随筆は民族的な古典作品にはなり得ない。ですから、日本人が「観察者の文学」に高い価値を与えてきたのは、なかなか驚くべきことなのです。そのことの意味は、もう一度考えてみていいのではないかと思います。

以上、いろいろな例を出してきましたが、日本の文化のひとつのパターンはなんとなく浮かび上がってきたのではないかと思います。繰り返しますが、モデルなき現代においては、文化的な価値を自力で批判し、自力で作りあげなくてはいけない。僕はそのひとつの手がかりとして「観客としての人間存在」に注目してみました。いま日本の社会はたしかに危機的な状況にありますし、明るい未来が約束されているわけでもありません。しかし、人文学にとっては、自分たちの生存の指針となる価値を作ってゆくことのできる、ある意味ではエキサイティングな時期ではないだろうか。若いみなさんにも、このワクワクする探索のゲームをぜひ体験してもらいたいと思います。

（この授業は二〇一四年一〇月四日に行われた）

◎若い人たちへの読書案内

今は文芸も思想もサブカルチャーも制度への順応が進んでいて、新しいものや面白いものが生まれにくくなっています。しかし、既存の制度や表現のあり方を根本から疑ってかからなければ、創造も批評も衰退するばかりでしょう。といっても、何らかの足場がなければ疑うこともできません。「教養主義」などという権威的でつまらないお題目よりも、思想を活気づけ、多方向に展開してくれる本のほうがずっと重要です。

一般向けでしかも奥の深い思想書としては、一昔前の本ですが**木村敏**《びん》の**『時間と自己』（中公新書）**をすすめます。著者は精神病理学の立場から、分裂病（今の言い方では統合失調症）、鬱病、てんかんの時間意識をそれぞれアンテ・フェストゥム（前夜祭）、ポスト・フェストゥム（後の祭）、イントラ・フェストゥム（祭の最中）に分類し、いわば「病者の光学」によって「時間とは何か」という最大の難題を粘り強く了解し直そうとします。一見して例外的な事象から普遍的な問題を抽出してみせる、その手並みはまさに本物の思想家のものだと言えるでしょう。フッサールからハイデッガー、ビンスワンガーに到る現象学的な思想との接続も、興味深い知見を与えてくれます。

その一方、グローバリズムの時代の先端を突き進む著作としては、建築家**レム・コールハー**

スの『S、M、L、XL＋』（ちくま学芸文庫）が型破りの奇書です。すでに九〇年代前半の時点で、コールハースは世界とりわけアジアの諸都市が、まるでジェネリック医薬品のように先行品を複製した、似たり寄ったりで歴史のない「ジェネリック・シティ」に変貌しつつあると論じていました。と同時に、七〇年代以降の技術革新によって、都市の建築物は「ビッグネス」という新たな特性を獲得するに到ったと彼は述べます。むろん、没個性的なジェネリック・シティやとにかくデカイだけの商業建築は、ふつうに考えれば美しくもないし精神的な価値もない。そこには建築家の意志を発揮する余地はありません。しかし、コールハースはこの「凡庸さ」のなかに都市と人間の未来を認めようとするのです。

　最後に文学について。一九八一年生まれの僕が学生時代に同時代性を強く感じていた現代作家は、J・M・クッツェー、ミシェル・ウエルベック、ポール・オースターの三人でした。ここではクッツェーの『恥辱』（ハヤカワepi文庫）を挙げておきます。南アフリカを舞台にしたこの小説では、白人男性の大学教師が性的な失敗によって転落し、娘のいる農場に身を寄せるものの、思いがけない屈辱に見舞われ続けます。西洋の知が性欲と暴力の前に膝を屈し、恩《おん》寵《ちょう》を失っていくプロセスが、辺境の地で剝《む》き出しのまま展開されるのです。シンプルな文体で複雑なテーマを扱う技術にかけては、クッツェーの右に出る作家はいないでしょう。性と法と暴力と動物のモチーフを交差させる手並みも見事です。

交換と社会史

柄谷行人

からたに・こうじん

一九四一年生まれ。東京大学経済学部卒業。哲学者。『トランスクリティーク――カントとマルクス』『世界共和国へ』『世界史の構造』『憲法の無意識』（岩波書店）、『思想的地震　柄谷行人講義集成1995-2015』（ちくま学芸文庫）など。

「交換様式」という観点

今日は、人間の社会の歴史について話す予定です。皆さんはこれまで世界史や日本史について、ある程度勉強してきたと思いますが、今日私が話すのは、おそらく皆さんが学校で習ったことがないような観点です。人間の社会を見るために、私が出発するのは、「交換」という観点です。

交換というと、何を考えますか。たぶん、物と物の交換でしょう。あるいは、物とサービス、ないし、サービスとサービスの交換です。面倒なので、以後、「物」としかいいませんが。このような交換は、自分が必要でないものを相手に与え、自分の必要なものを代わりに受けとることです。こういう交換の仕方を、交換様式Cと呼ぶことにします。

今述べたのは、物と物の交換ですが、現在では、物々交換はほとんど見られません。通常は、売買、つまり、物と貨幣の交換がなされる。しかし、物と貨幣の交換を歴史的に遡《さかのぼ》ると、物と物の交換になります。貨幣はそこから生まれてきたのです。ある物と他の物の交換比率が決まっているところでは、ある一つの物が事実上、貨幣として扱われます。

例えば、かつて遊牧民は、羊を放牧しながら旅をして、羊と各地の物を交換した。その場合、羊が貨幣なのです。現在でも、貨幣がないときは、米や石油が貨幣として用いられます。物々交換であれ、売買であれ、このような交換様式Cの特徴は、交換が互いの合意によってなされることです。

しかし、交換の中には、それとは違ったタイプがあります。例えば、誰かがあなたに物を贈る、とします。ギフトをもらうと、何か負い目を感じます。お返しをしなければならないという気持ちになる。そして、実際に、お返しをする。すると、結果的に、物と物を交換したことになりますが、これは、先に言った交換様式Cとは異なります。このような、贈与とお返しという交換の仕方を、私は交換様式Aと呼ぶことにしています。

なぜAなのか、といえば、これはある意味で、Cに先立つものであり、最も古い交換様式であるからです。今やこれは、交換様式Cの下に目立たなくあるだけです。しかし、今も実は、強い働きをしています。例えば、家の中で、皆さんは、親子・兄弟・姉妹との間で物やサービスの交換をするでしょうが、それは、売買、すなわち、交換様式Cではなくて、「贈与―お返し」、すなわち、Aだと思います。例えば、親は子供の面倒を見ます。それに対して、子供は別にお返しをする必要はないし、実際しないけれども、将来的には、恩を感じる、つまり「借り」を感じるでしょう。であれば、これは交換なのです。ただし、交換様式Aです。

現在の社会では、贈与とお返しという交換は、主要な形態ではありません。だから、あまり多くは見られません。が、未開社会では、これが主要な交換形態でした。このような贈与とお返しという交換様式を、マルセル・モースという人類学者が互酬性（レシプロシティ）と呼びました。これが、未開社会の根本的な原理だと、彼はいうのです。

これは、三つの命令からなります。第一に、贈与しなければならない。第二に、贈与を受け取らねばならない。最後に、贈与にお返しをしなければならない。この三つの命令を守らないと、祟《たた》りがある。恐ろしいことになる。だから、必ず守るのです。

贈与にはいろんな効果がありますが、その一つは、他の集団と友好的な関係を創ることです。例えば、遊動的な狩猟採集民は、小さなバンド（小集団）でジャングルの中を移動しているのですが、別のバンドに突然出会うことがある。それは互いに、恐怖なのです。その場合、彼らはまず、贈与する。それによって、平和状態を創るわけです。

しかし、互酬は必ずしも平和的なものだとは決まっていません。破壊的な互酬もあるからです。英語の、レシプロケート（お返しする）は、報復するという意味もあります。日本語でも、「この借りはきっと返すからな」などといいますね。例えば、未開社会では、ポトラッチというものがある。これはいわば、大盤振る舞いです。相手にものすごく贈与して、返せないような負い目を与えてしまう。これは、一種の戦争なのです。相手を参らせるために、もっているものを全部使ってしまうから、当人が破滅してしまうこともある。

とにかく、贈与されたら、それに対してお返しをしなければならない。それが交換様式Aです。例えば、皆さんの家にはお中元やお歳暮が届くことがあるでしょう。その場合、必ずしもお返しをするわけではない。ただ、気には留めます。何かがあったときに、送ってくれた人を優先しようという気になる。少なくとも友好的な関係が成り立つ。このような交換様式Aについては後で詳しく説明しますが、その前に、別のタイプの交換

図1　歴史的に見た交換様式の結合体

B 再分配 （略取と再分配、服従と保護）	A 互酬 （贈与と返礼）
C 商品交換 （貨幣と商品）	D ×

について話します。

それは、服従と保護というような交換です。ある者に服従する代わりに、その保護を受ける。私は、これを交換様式Bと呼びます。歴史的には、Aの後に出てきたものだから。このような交換は、ふつう、交換とはみなされません。というのは、この交換の根底に、暴力あるいは暴力的強制があるからです。しかし、これは一時的な暴力あるいは略奪とは違います。服従する側にも、一定の見返りがあるのです。

ガキ大将を例にとります。彼に服従すると、保護してくれる。最近は、ガキ大将がいないようなので、『ドラえもん』に出てくる、ジャイアンを思い浮かべてください。彼は凶暴ですが、服従するかぎりは優しくて、弱者をかばう。また、ヤクザを例にとってもいいでしょう。ヤクザは普通の人にとっては恐ろしい連中ですが、ある種の人々には頼りになるのです。例えば、被害を受けたとき、警察を呼びたくない。警察が来ると、こちらも困る事情があるからです。例えば、バーなどで酔っ払いが暴れたとき、ヤクザが来てさっさと片づけてくれる。また、その店を、他の暴力団から守ってくれる、などなど。

こういうことは、交換には見えないけれども、一種の交換です。すなわち、交換様式Bです。例えば、武士はかつて、ヤクザのようなものでした。鎌倉時代では、「切り取り強盗は武士のならい」といわれたぐらいです。奈良・平安時代では律令制国家がありましたが、徐々に、地方の荘園《しょうえん》などで、公的権力が及ばない、規制できないような対立、紛争が生じた。それを処理したのが武士です。だから、武士は、顔役・地回りのようなものです。そこで、武士と農民の間に、次のような関係ができた。農民が武士に服従すると、武士は農民を保護する。農民はその代わりに年貢を払う。こうして、律令制国家にかわって、封建国家ができたのです。鎌倉幕府ですね。

こうみると、鎌倉時代の国家が交換様式Bに根ざしていることがわかります。しかし、実は、その前の律令制国家もそうなのです。あるいは、現在の国家もそうです。国家は交換様式Bにもとづく。急に、日本史の講義になってしまいましたが、交換の問題に戻りましょう。

交換様式A——貨幣交換とは異質な交換

以上、ひとまず、交換様式A、B、Cについて、簡単に説明しました。ここで、これらを比べながら、もう少し詳しく考えてみます。まず交換様式Aについて。先ほど、未開社会において、Aが支配的であるといいました。未開社会だけではない。日本でも近代以前では、Aが大きな役割を占めていました。例えば、わりあい最近までは、村の共同体の中では、売買（交換様式C）をしなかった。水くさい、といって嫌われる。物々交換はしますが、「贈与—お返し」という体裁をとって行う。

昔、大塚久雄という偉い学者がいました。彼は西洋史には詳しかったが、日本の社会についてはあまり知らなかった。ところが、戦争中、東京が爆撃されたため、関東のどこかの村に疎開することになった。食べ物などいろんなものが必要でしたが、手に入らない。そもそも店がない。村人もこちらが困っているのを知りながら、黙っている。村人に売ってくれというと、拒否される。どうしたらいいか悩んだ。ふと思いついたのは、村人に贈与することでした。東京からもってきていたものを贈与すると、すぐにお返しが来た。いわなくても、こちらが欲しいものをよくわかっているのです。結局、このようにして「交換」が成立したわけですが、これは貨幣交換とは異質な交換です。つまり、交換様式Aです。

今そんな村あるいは共同体は、もうないでしょうね。しかし、先ほどいったように、現在の都会でも、家の中では、親子、兄弟、姉妹の間で、売買をしないと思います。無償であげる、後でお返しをする、というかたちをとるのではないか。もちろん、今は変わってきているかもしれません。例えば、親子の間でも、金を貸すとき、証書を書き、また利子を払う、というようなことが起こっているかもしれない。それは、交換様式Cが家の中にも浸透してきたということです。

現在の日本人は、交換様式Cに慣れているかもしれない。しかし、外国の多くの社会では、そうではありません。交換様式Aがまだ濃厚に生きているところがある。だから、注意しないといけません。先にいった、大塚先生のエピソードを覚えておいてください。

例えば、親に対する負い目の意識は、今もあると思います。儒教では、親の恩というでしょうが、別に、儒教道徳を知らなくても、親が死んだら、負い目を感じるはずです。この場合、お返しができません。昔から、「親孝行、したいときには親はなし、されど墓に布団を着せられもせず」という川柳があります。

私がいいたいのは、こういう事柄にも、「交換」の問題がひそんでいるということです。つまり、交換様式Aは、一見して経済的とは見えないものの中にある。例えば、宗教にもあります。古来、宗教の儀礼では、収穫物や生け贄《いにえ》を捧《ささ》げます。これは、贈与によって、霊を動かす、あるいは、神を動かすことです。

現在の日本人でも、神社に行ったりすると、御賽銭《さいせん》をあげる。坊さんに経をよんでもらって金を払う。これは交換様式Aにもとづくものです。別に金を払わなくても、熱心に祈願したり、苦行をしたりすることも、神仏への贈与です。神仏がそれに応えてくれる。宗教は元来、そのような交換、つまり、交換様式Aにもとづいているわけです。

交換様式B——国家として存在する

つぎに交換様式Bに移ります。先ほど、ヤクザや武士について話しました。相手は暴力をもっている。しかし、それに服従すれば、自分には暴力をふるわない。のみならず、他の暴力から守ってくれる。これが交換様式Bです。国家はこのような交換Bにもとづいているのです。

現在の国家の中にいると、それが交換様式Bであることがわからない。社会契約という言葉があります。これは、各人が合意の上で国家を形成することであるかのように考えられています。しかし、一七世紀イギリスで、国家の成立を社会契約として考えたホッブズは、別にそのような意味で「契約」を考えていたのではありません。

彼の考えでは、万人が争う戦争状態がある。そのとき、一人の者に全員が従うことによって、そのような「自然状態」から解放される。その一人が主権者です。国家は、そのように主権者を創りだす社会契約によって成立する、とホッブズは考えたのです。

しかし、これはみんなで相談して、王を決めた、ということではありません。近代以前でも、みんなで首長を選んだ。その場合、首長は特別に偉いわけではない。だから、たえず争いが生じる。したがって、「戦争状態」になってしまうのです。一方、ホッブズがいう主権者は、みんなが集まって決めるようなものではない。実際は、王が封建諸侯や教会を倒して主権者となったのです。そして、人々がそれに従った。それが彼のいう契約です。

これはいわば、「恐怖に強いられた契約」です。ふつう、脅されてなす契約は無効です。しかし、ホッブズは、「恐怖に強要された契約」も契約だ、というのです。それは、いかなる契約もその根底に、暴力がある、ということです。

日本の場合を例にとりましょう。例えば、徳川時代では、多くの藩（領主）がありました。将軍がその上にいましたが、各藩には手を出せない。その意味で、将軍は主権者ではありません。明治維新によって、天皇が主権者となったわけです。しかし、このような過程で、全員による「社会契約」がなされたでしょうか。むろん、そうではない。存在したのは、暴力的な強制と服従、そして、服従することによって保護を受けるという「交換」です。

要するにホッブズは、国家が交換様式Bにあるということをいっているわけです。ところが、彼以後の政治哲学者は、皆、契約・交換をいう場合、それを交換様式Cのようなものとして見ています。これでは、国家を理解することができないだけでなく、交換様式Cさえ理解できない。

例えば、売買の契約をするとします。これは個人間の合意によるものです。しかし、一人のほうが契約を履行しないとどうなるか。他方は法的に訴えることになる。すると、警察がやってくる。むしろ、それが怖いから、契約は履行されるわけです。そうだとすると、交換様式Cが成立するためには、実は、背後に交換様式Bが存在しなければならない。つまり、暴力あるいは恐怖による契約が、根底に存在するということです。そして、それが国家です。

交換様式C――商品と貨幣の交換

交換様式Cは、最初に述べたように、互いの合意にもとづく、物ないしサービスの交換です。そのようにいうと、これは自由で平等な関係のように見えます。事実、そういってよい面があります。封建社会では、交換様式Cは存在しましたが、制限されていました。例えば、農民は領主に年貢をとられ、商人は最も低い身分に置かれていた。彼らには移動の自由、職業選択の自由もなかった。封建社会は、商業があるものの、交換様式Bが支配的な社会だったのです。

それに対して、近代社会、資本主義社会では、交換様式Cが支配的になります。人々の関係が自由・平等になったかというと、確かにそのような面があるのですが、そうでない面もある。しかも、それは、交換様式Cそのものから出てくる問題です。

交換様式Cでは、相互の合意によって、物（サービス）を交換しますが、実際には、それらを直接交換するのではなく、貨幣を用います。つまり、この交換は、商品（物・サービス）と貨幣の交換です。その場合、貨幣をもつ者と、商品をもつ者は、対称的あるいは対等な関係ではないのです。貨幣をもつ者は、いつでも商品を買うことはできる。が、商品をもつ者は、それを売れるかどうかはわからない。しかも、売れなければ、廃棄しなければならない場合が多い。

したがって、貨幣をもつと、人は強い立場に立てます。いつでも欲しいものと交換できるからです。そこから、貨幣をためようとする欲望が出てきます。これは、物への欲望とは違います。貨幣をためようとする欲望は、物をいつでも使えるという権利を増やすことです。蓄積するという欲望は、実は、金をためるということから生まれたのです。

そもそも、物をためておくことはできない。食べ物なら、腐ってしまう。一番いいのは、物をいつでも買えるという権利をもつこと、その権利をためるということです。

貨幣をためようとする欲望が生じるのは、ここからです。さらに、そこから、資本主義が生じた。それは、最初は、商人資本です。アダム・スミスのような経済学者は、商人資本は、物を安く買ってきて高く売ることで利潤を得ている、ということで批判してきました。しかし、商人資本は不等価交換で利潤を得ているのではない。地域によって、物の価値体系が違うからです。例えば、ある地域では、ある物が安く、他の地域では、それが高い。商人資本は、安い地域で物を買って、それが高い所で売る。どちらも等価交換です。しかし、その間を仲介することによって、差額が利潤として生まれる。ただ、この場合、近い所では、その差額があまりない。したがって、かつて商人資本は、遠隔地交易が中心でした。

だから、商人資本が差額を得るのは詐欺だという非難は当たらない。産業資本も、やはり差額にもとづいているのです。ある意味で、産業資本は商人資本の一種です。ただ、産業資本は、商人資本にはなかった特殊な商品を扱います。それが労働力商品です。

簡単にいうと、産業資本主義とは、資本家の下で、労働者が協同で働き、さらに、自分らの生産した物を、もらった賃金で買いもどす、というようなシステムです。資本家は労働者を奴隷のように働かせるのではない。それは、労働者が自分で作ったものを買い戻すことを仲介するだけです。その意味で、商人資本と同じです。ただ、資本家は、商人資本家のように、価値体系の異なる遠隔地まで行くことはしない。ただ、技術革新によって、時間的に、価値体系を変える。そして、そこから差額を得るのです。

現在では、労働者とかプロレタリアというと、肉体労働者、あるいは、工場労働者のことを考えるでしょう。しかし、サラリーマンは賃労働者なのです。だから、広い意味で、プロレタリアです。官吏であろうと、同じです。かつては自分の労働力を売らなくても生きていける人たちが多かった。例えば、農民は自分の土地で働けばよい。商人もそうです。しかし、現在は、農民も商人も、親は子供をプロレタリアにしようとする。その場合、子供は、より高い商品として労働力を作りあげなければならない。具体的にいうと、試験に通って、いい大学に行く。そのために、幼いころから勉強する。望もうと望むまいと、このような社会に生きていると、そういう社会的な圧力がたえずかかってきます。奴隷とは違いますが、子供の頃から、そういう圧力の下で生きるように強いられている。けっして自由ではない。

くりかえすと、資本主義社会は、封建制や奴隷制にもとづいているわけではありません。あくまで、交換様式Cにもとづいている。ここには、それまでのような階級はありません。ただ、この貨幣と商品の関係から生じる、特殊な「階級」関係があるのです。外見上は、自由で平等ですが、実際には、自由ではないし平等でもない。

交換様式D——まだ実在したことはない

以上、交換様式A・B・Cについて述べました。それらは別々にあるのではない。どんな社会構成体も、複数の交換様式の結合体としてあります。例えば、氏族社会はAが支配的ですが、多少は、BもCもある。国家社会では、Bが支配的ですが、農村共同体(A)があり、また、都市(C)も発展しています。近代国家では、Cが支配的ですが、BもAも残ります。ただ、それはCのもとで変形されています。

例えば、貨幣経済の浸透とともに、共同体が解体されていきます。つまり、Aが解体されていく。個人がばらばらになってしまう。そのような人々を、一つの民族として統合するイメージが生まれます。それが「想像の共同体」としての、ネーション（国民）です。ネーションは、単独で存在するのではなく、資本＝ネーション＝国家という結合体においてあるのです。

図2に、世界史において、交換様式から見て、社会構成体がどのように変容したかを示しました。ついでに、図3では、それを日本史に即して説明しました。さらにいうと、近代資本主義社会では、交換様式A・B・Cの結合体は、図4のようなかたちをとります。つまり、資本＝ネーション＝国家です。

最後になりますが、A・B・Cに加えて、もう一つの交換のタイプがあるのです。それを交換様式Dと呼びます。これは、A・B・Cのいずれをも超えるものです。簡単にいうと、Aでは、個々人は平等であるが、自由ではない。Bでは、自由でも平等でもない。Cでは、自由であるが、平等ではない。それらに対して、Dでは、自由であり、かつ、平等である。

Dは、ある意味で、Aを取り返すものです。ただし、それを高次元で取り返すのです。

例えば、Aは未開社会にある原理ですが、それを高次元で取り返すということは、未開に戻ることではない。それでは、平等はあっても、自由はないからです。Dとは、Cを踏まえたうえで、Aを取り戻すことです。

実は、Dはまだ実在したことはありません。今後に実現されるべきものです。ただ、それは、ある意味で、古代帝国の時代から存在しました。それは、普遍宗教というかたちをとって出現したのです。例えば、キリスト教や仏教。それ以前の宗教は、事実上、国家（B）や氏族共同体（A）に属するものでした。

それに対して、普遍宗教は、D、つまり、自由でありかつ平等であるような次元、生き方を開示した。それらは、Aを高次元で取り戻すものだといえます。例えば、初期の教団は、国家的宗教に対立した、遊動的な共産主義的集団でした。その意味で、遊動的狩猟採集民と似ています。彼らは教会や寺院など建てなかった。立派な寺院が建てられたときには、もう国家や共同体の宗教になっているのです。

しかし、その中から、たえず宗教改革あるいは異端の運動が起こりました。それは同時に社会運動であった。近代の社会主義運動も、そこに根ざしているのです。むろん、

図２　世界史における交換様式

世界史の段階	ドミナントな交換様式
遊動的狩猟採集民	—
氏族社会・首長制	A
国家社会（官僚制専制国家）	B1
（ギリシア・ローマ型国家）	B2
（封建制国家）	B3
資本主義社会	C

図３　日本史における交換様式

日本史の段階	ドミナントな交換様式
狩猟採集民（縄文人）	—
氏族社会（弥生人）	A
奈良以後の律令制国家	B1
鎌倉以後の封建制国家	B2
明治維新後の国家	C

図４　近代資本主義社会における交換様式の結合体

B 国家	A ネーション（国民）
C 資本	D ×

今後において、Dは、もはや宗教というかたちをとる必要はないし、とることもないでしょう。ただ、Dは、人の願望や理想にもとづくものではありません。それはむしろ、人の願望に反して出てくるものです。その意味で普遍宗教的です。A・B・Cの支配があるかぎり、Dはそれらを超える衝動として、消え去ることはありません。

（この授業は二〇一三年四月二〇日に行われた）

◎若い人たちへの読書案内

坂口安吾『堕落論・日本文化私観』（岩波文庫）
カント『永遠平和のために』（岩波文庫）
柄谷行人『倫理21』（平凡社ライブラリー）

●初出一覧

野家啓一「歴史と記憶」『問いかける教室』(水曜社、二〇一三年)
長谷部恭男「憲法とは何か」『高校生と考える日本の問題点』(左右社、二〇一五年)
金子勝「答えはひとつしかないのか」『高校生と考える日本の問題点』(左右社、二〇一五年)
白井聡「「戦後」とはどんな時代だったのか」『高校生と考える日本の問題点』(左右社、二〇一五年)
田中優子「グローバリゼーションの中の江戸時代」『高校生と考える日本の問題点』(左右社、二〇一五年)
福井憲彦「歴史の見方・考え方」『問いかける教室』(水曜社、二〇一三年)
福嶋亮大「日本文化の像を描く」『高校生と考える日本の問題点』(左右社、二〇一五年)
柄谷行人「交換と社会史」『わたしがつくる物語』(水曜社、二〇一四年)

※本書は、これらを底本とし、テーマ別に抜粋、再編集したものです。各章末の「若い人たちへの読書案内」は、本書のための書き下ろしです。

ちくまプリマー新書 306

歴史《れきし》の読《よ》みかた 〈続《ぞく》・中学生《ちゅうがくせい》からの大学講義《だいがくこうぎ》〉 2

二〇一八年九月十日　初版第一刷発行

著者　野家啓一（のえ・けいいち）／長谷部恭男（はせべ・やすお）／金子勝（かねこ・まさる）／白井聡（しらい・さとし）／田中優子（たなか・ゆうこ）／福井憲彦（ふくい・のりひこ）／福嶋亮大（ふくしま・りょうた）／柄谷行人（からたに・こうじん）

編者　桐光学園＋ちくまプリマー新書編集部

装幀　クラフト・エヴィング商會

発行者　喜入冬子

発行所　株式会社筑摩書房
東京都台東区蔵前二‐五‐三　〒一一一‐八七五五
電話番号　〇三‐五六八七‐二六〇一（代表）

印刷・製本　株式会社精興社

ISBN978-4-480-68332-8 C0220　Printed in Japan